Zu diesem Buch

«Wie so oft sitze ich jetzt nach einer schlechten Nacht ratlos da, vor meinen Augen die Bilder, die nichts mehr sind als eine tote, längst vergrabene Vergangenheit. Manche von ihnen heben sich hervor und starren mich an, die Frauen mit ihren tief versteckten hennaroten Haaren, Goldzähnen, gekauft mit dem Lohn jener unzähligen schmerzvollen Nächte; die Prostituierten im Vorort unserer Stadt und die Gassen, Sackgassen, Widergassen.»

Die türkische Autorin Saliha Scheinhardt schildert in diesem Buch eine Kindheit in Anatolien. In einem Brief an ihre Schwester läßt sie Bilder aus der Vergangenheit Revue passieren, Bilder aus einem Land, dem sie für immer den Rücken gekehrt hat.

Wehmütig und zornig zugleich sind diese Erinnerungen. Da ist die Mutter, gefangen in einer düsteren Welt aus Glauben und Tradition, demütig und bitter ihrem Gott ergeben, unduldsam gegen die aufbegehrende Tochter. Der Vater, als Kind schon von seiner Familie verstoßen, haltlos, immer auf der Suche nach einem Platz zum Leben, nach Sicherheit, nach Ruhe. Selten nur Bilder der Geborgenheit: Muhsine Nine, die alte Märchenerzählerin, oder die untergehende Sonne auf den Gesichtern der Frauen, abends, nach der Arbeit des Tages.

Saliha Scheinhardt erzählt von einer Kindheit in Armut, Unsicherheit und bedrückender Enge. Und von den ständigen Ausbruchsversuchen, der Sehnsucht nach Freiheit, nach einem eigenen Leben. Noch nicht zehnjährig, arbeitet das Kind, so oft es kann, in den Geschäftsgassen, auf dem Markt der Heimatstadt, unternimmt erste Gehversuche in der Welt der Erwachsenen. Später, nach dem Umzug in die Großstadt, besorgt es sich auf eigene Faust einen Platz im Gymnasium – ohne Wissen der Eltern. Mit vierzehn führt das Mädchen nach der Schule Touristen durch die Stadt, kommt in Kontakt mit einer anderen Welt, beängstigend und verlockend. In einem schmerzhaften Prozeß kämpft sie sich frei aus ihrer Vergangenheit – ohne eine neue Heimat zu finden.

Saliha Scheinhardt

Träne für Träne werde ich heimzahlen

Kindheit in Anatolien

rororo
Rowohlt

rororo aktuell – Herausgegeben
von Ingke Brodersen
Begründet von Susanne v. Paczensky

Originalausgabe
Redaktion Thomas Becker
Die in diesem Band reproduzierten Bilder
und Zeichnungen stammen von Mehmet Güler

25.–29. Tausend Mai 1990

Veröffentlicht im Rowohlt Taschenbuch Verlag GmbH,
Reinbek bei Hamburg, November 1987

Umschlagentwurf: Jürgen Kaffer / Peter Wippermann
(Foto: Günay Ulutunçok / laif)
Satz Garamond (Linotron 202)
Gesamtherstellung Clausen & Bosse, Leck
Printed in Germany
980-ISBN 3 499 12234 0

Inhalt

Ich kehre nie zurück

Unter ein und demselben Himmel, du und ich; ich im nassen Norden, du weit weg in jener Stadt, in der wir beide geboren wurden, Kinder einer Mutter.

Wie würde man dich beschreiben, und wie mich? Sollte ich bei deinem Hochmut und bei deinem verwöhnten Wesen beginnen, sollte ich lieber doch nur deine honigbraunen Zöpfe und deine Nachtaugen loben? Oder doch nur schweigen?

Nein, liebe Schwester, weder Rache noch Mitleid, denn weder du noch ich haben heute einen Anlaß für Heiterkeit, geschweige denn für einen Siegesjubel. Du hast längst die Schwelle deiner Jugend überschritten, und bei mir scheint die Krise des mittleren Alters früher eingetreten zu sein als gehofft. Viel mehr ist nicht zu erwarten. Wir haben ausgespielt, ohne je gewußt zu haben, wer die Gegenspieler sind und wie die Spielregeln lauten. Man hat uns gelehrt, gescheit zu sein. Was blieb? Enttäuschung!

Wie so oft sitze ich jetzt nach einer schlechten Nacht ratlos da, ich starre die Bilder an, die nichts mehr sind als eine tote, längst vergrabene Vergangenheit. Ich durchwandere die Kindheits- und Jugendjahre, ohne System, ohne Reihenfolge. Bilder und nichts Aufregendes. Manche von ihnen heben sich hervor und starren mich an, die

Frauen mit ihren tief versteckten hennaroten Haaren, Goldzähnen, gekauft mit dem Lohn jener unzähligen schmerzvollen Nächte; die Prostituierten in der Löwenkasernen-Straße des Vororts unserer Stadt und die Gassen, die Sackgassen, Widergassen.

Gestern kam dein Brief, dein erster Brief in zwanzig Jahren. Du schreibst, ich solle zurückkommen. Ein Wunsch? Ein Befehl? Ein fürsorglicher Ratschlag? Es wäre sinnlos, wenn ich dir nun nach zwanzig Jahren Trennung erklären wollte, wo meine Fesseln liegen, was aus mir geworden ist, warum ich nicht zurück will. Ich will nicht länger dich und Mutter verschonen mit der Wahrheit, daß ich nicht mehr zurück kann. Ich weiß auch, daß ihr nichts, aber auch gar nichts verstehen würdet, wenn ich die Gründe dafür aufzählen würde. Bei jedem Grund würdest du mich fragen, was mich das alles angeht, «mit Politik und so...». «Komm endlich zurück», schriebst du. «Du bist noch jung, studiert hast du auch, du mußt einfach kommen, Heimat ist Heimat. Willst du in der Fremde krepieren? Wie lange sollen wir noch warten, willst du, daß Mutter sich an deiner Sehnsucht noch den Tod holt? Ich sage dir, sie macht es nicht mehr lange. Komm zurück, heirate noch mal und laß dich verwöhnen. Hast du nicht genug geackert? Das Leichentuch hat keine Taschen, genieß dein Leben, komm zurück!»

Ich habe dir nie geschrieben, daß ich schon seit Jahren kein geregeltes Gehalt mehr kenne, daß ich manchmal nicht weiß, wie ich den nächsten Monat überleben soll; daß ich mich allein mit meiner Feder, dem einzigen, was mir geblieben ist, über Wasser zu halten versuche. Ich wollte nicht, daß ihr euch Sorgen macht, nicht du, vor allem aber Mutter nicht. Ich habe euch all die Jahre oft genug das Herz gebrochen, ich wollte es nicht. Als ich vor Jahren anfing, mit meiner Feder gegen die Umstände anzugehen, habe ich mir fest vorgenommen, die Dinge richtig und wahrheitsgemäß wiederzugeben. Auch aus diesem Grunde sollt ihr wissen, daß ich keinen Oberarzt vom Stadtkrankenhaus mehr heiraten werde, den ihr Frauen für mich ausgesucht habt; daß deine leibliche Schwester dir deshalb so fern ist, weil sie sich nie in ihrem Leben von einem Mann unterhalten ließ und dies auch nie tun wird.

Weder mit Puppen noch mit Murmeln habe ich gespielt. Mit zwei Jahren war meine größte Leidenschaft, in Zeitungen zu blättern, als könne ich schon lesen. Ich habe die Sprachen, fremde wie Muttersprache, schnell gelernt. Wie alle Eltern verfrühte Prophezeiungen über die spätere Persönlichkeit ihrer Kinder machen, tat dies auch unsere Mutter. Wenn sie mich die zerrissenen Zeitungen auf meinen Knien mit ernster Miene studieren sah, hätte sie schwören können, daß eine Gelehrte aus mir würde. Für sie bedeutete dies die Gefahr, daß ich nicht wie in ihrer Vorstellung ein frommes, zurückhaltendes, braves Mädchen würde, sondern eines von diesen ungehorsamen Flittchen, das sich ganz sicher gegen sie auflehnen würde. Du stelltest nie eine solche Gefahr für Mutter dar, unser Bruder genoß wie viele andere Jungen auch eine außergewöhnliche Unantastbarkeit, Schwester Asya war sehr klein, so daß der ganze religiös-moralische Druck unserer Mutter auf mir lastete.

So begann sie mich schon mit drei Jahren im heiligen Monat Ramadan in ihre abendlichen Gebetsstunden in die Moschee mitzunehmen. Kein Kind in meinem Alter blieb noch zu dieser späten Stunde wach, noch dazu in der Moschee betend. Alle Reden ihrer Gebetsschwestern, mich doch daheim in der warmen Stube schlafen zu lassen, halfen nicht. In solchen Situationen bezog sie sich gern auf die gute väterliche Tradition, auf ihre ehrbare Erziehung: «Wer die Schlange nicht schon als Baby zähmt, der hat später mit einer Kobra zu tun.» Ihre Vorstellung von Zähmung ging später so weit, daß meine Schulbücher in ihrem Zorn im Kohleofen landeten, nachdem sie mir die Gebetsmühle in die Hand gedrückt hatte, mich zum Gebet zwang, und ich trotz ihrer dritten Mahnung den Kopf nicht von meinen Schulbüchern hob. So begann ein endloser Krieg zwischen uns. Sie war nicht an die Auflehnung seitens ihrer Kinder gewöhnt. Wenn ich ihr drohte, das alles abends Vater zu erzählen, dann nahm sie die schwere Eisenzange, und schlug damit auf die Innenfläche meiner Hände. Wie ein Ungeheuer steigerte sie sich selbst in ihren Zorn, schlug besinnungslos auf meine Beine, auf die Rippen, bis ich ohnmächtig wurde. Mit unendlichen

Schmerzen wachte ich auf dem feuchten, frisch gebohnerten Holzboden auf, über meinem Kopf brannte eine nackte Glühbirne. Wer weiß, wie viele Stunden es waren, in denen Mutter vor Reue und Verzweiflung an meinem Kopfende auf mein Erwachen wartete? Wenn ich erwachte, umarmte sie mich, zumindest versuchte sie es. Doch nach dem ersten solchen Ereignis ließ ich sie nie mehr an mich heran.

Nie in meinem Leben haben diese Schmerzen es zugelassen, mich zu fragen, warum diese Frau nur mit mir und mit keinem anderen ihrer Kinder so umgegangen ist. Ich habe nie die innere Freiheit und damit die Bereitschaft gehabt, sie und die Ursachen ihres Zorns zu verstehen. Sie war nicht mehr jung und unerfahren, immerhin hatte sie das Leid und den Verlust von Duygu, unserer verstorbenen Schwester, erfahren, trotzdem war ihr steinernes Herz nicht erweicht worden. Von den ersten Schlägen an begann ich, mich ihrem religiös-moralischen Druck zu widersetzen, froh wußte ich, daß ein Fels mir Rückendeckung bot, Vater. Aus einer kindlichen Logik, diese Ehe könne durch mich in Gefahr geraten, habe ich Vater nie von Mutters Schlägen erzählt, auch aus Angst, denn Mutter drohte mir: «Tu es nur einmal, dann sollst du mich erst recht kennenlernen!» Ich habe nie verstanden, wie du diesen ganzen religiösen Mief widerstandslos über dich ergehen lassen konntest, alles mitmachtest, lächelnd.

Als meine Kräfte nicht mehr für den ewigen Widerstand ausreichten, gab ich ihn auch auf, ich nahm mir vor, mich äußerlich so zu geben, als ließe ich mich zähmen. Innerlich bereitete ich mich aber auf einen viel größeren Kampf vor, in dem ich stärker sein mußte als die andere Partei. Ich ließ Mutter über ihren Sieg triumphieren, während ich mir in den abendlichen Gebetsstunden am Holzkohleofen, im Schneidersitz auf dem Gebetsteppich die Kampfstrategie ausmalte, Rachetaktiken entwickelte, und meine Lippen flüsterten leise bei jeder Gebetsmühlenperle: «Mutter, du wirst noch dein blaues Wunder erleben!» Sie bot mir liebevoll geröstete Kastanien aus dem Ofen an. Ich tat so, als fastete ich im Ramadan, in Wirklichkeit ließ ich mir von Vater mein Leibgericht spendieren: weiße Bohnen mit Pilav. Ich ging in das Speiselokal nebenan, ließ mich mit der Serviette auf dem Bauch bedienen, Vater war mein Komplize und ich seiner, wir würden schon allein deswegen einander nie verraten. Nachdem ich noch meinen Sütlaç, den Milchreis, verzehrt hatte, nahm ich einen Zahnstocher zwischen die Zähne, bezahlte, hinterließ etwas Trinkgeld neben der Kasse und ging im Erwachsenen-Männer-Gang zurück. Ach, war ich stolz und schadenfroh, Mutter überrumpelt zu haben.

Ich glaube, schon damals verübte ich so mein erstes kindliches Attentat auf die gesamte religiös-moralische Welt. Noch wußte ich nicht, daß ich nach jedem Kampf doch als Verlierer dastehen würde. Nun, da bin ich, wie ich im Laufe der Jahre feststellen mußte, kein Einzelfall, aber auch dies tröstet mich nicht. Wenn du willst, liegt darin auch einer der Gründe, warum ich nicht in diese alte Gesellschaft mit neuen und noch korrupteren Spielregeln zurückkommen werde.

Der Unterschied zwischen dir und mir, teure Schwester, war und ist heute immer noch, daß du dich mit den dortigen gesellschaftlichen Zuständen abgefunden hast. Für alle deine Leiden und deine Misere machst du dein Schicksal verantwortlich, dein Schicksal ist dir von Gott auf die Stirn geschrieben worden; so kann der vergängliche Mensch ja doch nichts tun, er soll ja auch und darf ja auch nichts dagegen tun. Jahrhundertelang haben die Geistlichen der Menschheit einbleuen wollen, daß unsere Schicksale nicht von Menschenhand gemacht werden, und das erzählst auch du noch heute deiner Tochter. Auch in deinem Brief versuchst du mich aus der Ferne mit frommen Worten und Predigten, Gebeten und Argumenten zur «Vernunft» zu bringen. Dabei weißt du längst, daß ich für eure reine, fromme Welt verloren bin. Darum hast du Mitleid mit mir, außerdem ist es deine Pflicht als eine fromme Frau, die ihren Platz im Himmel auf Garantie hat, die leibliche Schwester vor der Hölle zu warnen, für den Glauben zu gewinnen; sonst könntest du von Gott beim Jüngsten Gericht gar noch zur Rede gestellt werden.

Was mich angeht, werteste Pinar, mit meinen bescheidenen Möglichkeiten versuche ich, die Ursache der Misere, in der unsere Menschheit steckt, herauszufinden. Es ist zum Lachen, ich weiß, von meinem Alter her ist es fast zu spät; dennoch glaube ich, ich bin kurz davor, die sogenannte Wahrheit zu fassen, zu begreifen, wer Hölle und Himmel erfunden hat. Und vielleicht werde ich nach langen Jahren der Suche sogar noch etwas mehr begriffen haben. Ich brauchte ein halbes Leben dazu, denn meine Voraussetzungen in diesem Land waren nicht gerade günstig für geistige Auseinandersetzungen, als eine Fremde, als eine Frau. Das erste Licht ging mir in meiner frühesten Kindheit auf, als ich Mutter irgendwann fragte, warum Gott uns arm gemacht hatte. Diesen ungerechten Gott mußte ich unbedingt sprechen, um von ihm Gerechtigkeit zu verlangen. Ich bekam Schläge. Danach folgten unzählige Erlebnisse dieser Art.

Als ich, fast noch im Kindesalter, hochschwanger, täglich zehn Stunden an der Preßmaschine stand und einmal dieses Biest meine Hand geschnappt hatte, da wurde mir klar, daß die familiäre Harmonie in diesem Betrieb nur auf unsere Kosten aufrechterhalten wurde. Man drohte mir, ich könnte meinen Arbeitsplatz verlieren, wenn ich mit der Gewerkschaft käme, und da dämmerte es mir erst recht, daß hier doch einiges nicht stimmte. Und ich war bei all dem gerade siebzehn geworden.

Wie du siehst, komme ich vom Hundertsten ins Tausendste. Möglicherweise lächelst du und rätselst, was ich mit all diesem Unsinn meine. Wo ist deine selbstbewußte, arrogante Natur von früher geblieben? Wer hat sie zerstört? Wann begannen sie, dich dir zu rauben? All die Jahre hatte ich eine solche Angst vor deiner Unberechenbarkeit, daß ich zu schwach war, meine Angst zu verbergen, geschweige denn eine Gegenfassade zu entwickeln. Dann gingen wir auseinander, ohne je richtig Schwestern gewesen zu sein.

Vielleicht sitzt du an der Türschwelle mit deinen Nachbarinnen und liest ihnen meinen Brief vor. Nein, ihr werdet drinnen sitzen; auch dort ist es noch nicht Frühling, noch nicht warm genug, euch vor die Haustür zu setzen, Handarbeit zu machen, miteinander zu reden oder gemeinsam zu schweigen. Schweigen, vielleicht aus Traurigkeit, Hoffnungslosigkeit oder vielleicht auch, weil es nichts mehr zu reden gibt, weil nichts mehr geschieht in eurem Alltag in den Gassen. Schweigen, weil es keine Höhen und Tiefen mehr gibt außer Krankheit und Tod in der engen Welt des Vororts, weil in der frömmsten Stadt unseres Landes nach wie vor und immer mehr die Männer über euer Leben herrschen. Schweigen.

Vielleicht sitzt du aber auch allein in den vier Wänden deiner Lehmbude, und der Schnee ist durch das Dach geschmolzen. Die Kinder werden in der Schule sein, und du weißt nicht, was du für sie kochen sollst, du weißt nicht, wie du die Wohnung warm kriegen sollst, das Holz ist naß, und die Kohlen werden dir längst ausgegangen sein. Doch wenn deine Kinder mittags durchnäßt und hungrig und müde heimkommen und du ihre Schüssel mit Mehlsuppe füllst, dann liest du keine Vorwürfe, sondern nur Dankbarkeit in ihren Augen. Das sei das schlimmste für dich, schreibst du. Vielleicht willst du, daß sie nicht mehr dankbar sind, vielleicht willst du, daß sie rebellieren, daß sie dir Vorwürfe machen wegen der wäßrigen Mehlsuppe, Vorwürfe, weil sie frieren, Vorwürfe, weil du eine Frau bist, weil du eine verlassene, arme Frau bist. Vorwürfe, weil du nicht auf Urlaubsfotos von den Bahamas in freizügigen Kleidern an Strandbars unter Palmen mit irgendwelchen Männern Whisky on the rocks trinkst. Vorwürfe, weil du nicht Wimpern aus Schweinshaaren über deine Augenlider klebst. Vorwürfe, weil du nicht eine von den Frauen mit hysterischer Gefallsucht bist. Nein, all das bist du nicht, wie solltest du auch?

Vielleicht nehmen dir deine Kinder gerade das übel. Vielleicht denken sie, daß sie dann nicht mehr frieren und nicht mehr hungern würden, nicht mehr die Flicken ihrer Kleider verstecken müßten. Sie wissen, das schlimmste ist der Fluch der Kälte, aber auch das Zusammenziehen der Gedärme, des Magens, die Ohnmacht in den Knien, Hunger!

Du wirst dich noch gut erinnern: morgens auf dem langen Schulweg durch die kalte Stadt, in Gummischuhen, verfroren und halbsatt; wie wir da die Offizierstöchter beneideten, die vom vorbeirasenden Militärjeep zur Schule gebracht wurden, in wärmende Pelze gehüllt. Wir beneideten sie, weil ihre Haare so glänzten und dufteten, während sie sich von uns fernhielten, von uns, den Vorortkindern; denn wir könnten möglicherweise Tbc... Vielleicht hatten sie auch Angst vor der Ansteckungsgefahr unserer Armut. Wir liebten die Schule und sind immer gern hingegangen. Nicht, weil uns in der Grundschule das Ergebnis des Einmaleins wichtig gewesen wäre oder weil es uns erstaunt hätte, daß Eskimos rohe Fische essen oder weil es uns etwa später im Mädchengymnasium interessiert hätte, wie und wo chemische Waffen einsetzbar sind. Nein, all dies kümmerte uns nicht. Wir liebten die Schule, weil wir langsam erkannten, warum sich jeden Morgen immer die gleichen Kinder an dem Holzofen in der Klasse wärmten – in der Grundschule, der Mittelschule und später im Gymnasium. Was die Lehrer uns mit Inbrunst einzubleuen versuchten, wie stolz, ehrlich, fleißig, erfolgreich, und was weiß ich noch alles unsere Nation doch war, bedeutete uns nichts. Nein, nicht das, sondern daß die reichen Kinder in den Pausen in der Kantine die köstlichsten Sachen kauften und vor uns, vor den Armenviertelkindern, schmatzten, während uns der Magen knurrte und unsere Herzen grollten. Am meisten habe ich sie beneidet, wenn sie sich Schokoladenpudding kauften und uns seinen französischen Namen, «soupe anglais», im Bewußtsein ihrer Klasse laut ins Gesicht riefen. Und ich weiß, in diesen «Soupe-anglais»-Jahren war es, daß in mir die erste Saat der Rebellion gesät wurde. Für dich war es fast zu spät, denn du hattest schon längst das Heiratsalter erreicht und schwebtest fast im siebten Himmel des Eheglücks und träumtest von deinem Märchenprinzen.

Jetzt, Jahre später, glaube ich fast, daß dir unser Elend zwar schon sehr früh bewußt war, aber du nie in Erwägung gezogen hast, anders aus diesem Elend herauszukommen als auf dem schon seit Jahrhunderten geläufigen Weg. Und du warst dir sicher, mit deinen langen goldblonden Zöpfen, deiner Schönheit, deinem vergänglichen Kapital, eine bequeme Zukunft aufbauen zu können, du gingst denselben irreführenden Weg wie unsere Mütter und Großmütter.

Mir lief ein kalter Schauer über den Rücken, wenn Großmutter – ich war gerade vier – über ihren großartigen, frommen, gelehrten Mann erzählte; von seiner dämonischen Besessenheit, von der Eifersucht, und wie er sie ihr Leben lang völlig grundlos folterte und sie auf Waldwegen verfolgte, um sie mit ihrem Geliebten zu erwischen. Da er überzeugt war, daß sie einen Geliebten hatte, sie aber nie bei ihrer Sünde zu ertappen vermochte, wuchs sein Zorn ins Unendliche. Und immer, wenn es Vollmond war, schleppte er sie in den Stall, steckte sie in einen Mehlsack, band ihn zu und schlug mit einem Bambusstock auf den Sack ein, bis seine Kräfte erschöpft waren. Oft fanden ihre Kinder sie am nächsten Morgen noch bewußtlos in dem zugeschnürten Sack auf dem Misthaufen. Mit vierzehn war sie verheiratet worden, sie gebar sieben Söhne und fünf Töchter. Als sie mit fast siebzig Jahren dem Tode nah war, mit Schaum vor dem Mund, bewußtlos, fand sich keiner ihrer Söhne bereit, sie aufzunehmen. Sie alle fürchteten ihre Frauen, sie bangten um die eheliche Harmonie. Sie starb in einer Vorratskammer, einsam.

«Tanz doch etwas, mein Püppchen», sagte sie. Dies war immer ihr heißester Wunsch, wenn ich bei ihr Zuflucht suchte, von zu Hause floh. Sie füllte meine Hände mit getrockneten Weintrauben und sagte: «Nun tanz, streck deine Arme, dreh dich, ich will dich sehen, meine Schöne. Ich selbst habe nie aus Herzenslust tanzen können, mein Gesegneter sagte, es sei Sünde zu tanzen, tanz du für mich, tanz, meine Blüte...»

Als ihr Mann aus dem Bergdorf in die nächste größere Stadt als Geistlicher berufen wurde, verkaufte er all ihr Erbe, das Land und das Vieh. Er steckte alles Geld in der Stadt in ein Haus, das danach nur noch sein Eigentum war. Die Provinzstadt mit ihren 5000 Einwohnern blieb ihr für den Rest ihres Lebens fremd, sie ist an der Sehnsucht nach ihren Weinbergen zugrunde gegangen. Dennoch hing sie am Leben, vor allem wollte sie zu ihren Lebzeiten ihre Kinder verheiraten und betete darum, noch die Hochzeit ihrer Enkelkinder zu sehen.

Unsere Mutter war die älteste der Töchter. Eines Tages kam ein großer, schlanker, dunkler Mann, Mitte Dreißig, nach der Freitagspredigt wie ein Schuljunge zu meinem Großvater, um um die Hand dieser Tochter anzuhalten. Damals wußte Großvater noch nicht, warum er nicht seine Mutter auf die Brautsuche geschickt hatte, wie es nach dem Brauch üblich war, sondern höchstpersönlich dieses heikle Geschäft und den damit verbundenen Handel in die Hand nahm. Nicht von ihm, sondern von unserer Mutter erfuhren wir, welch ein grausamer Greis unser adliger Großvater väterlicherseits war. Er hatte seine sechs Frauen, die er nie nebeneinander, sondern immer nach dem Tode der jeweiligen Vorgängerin geheiratet hatte, alle schlecht bis erbärmlich behandelt. Sie alle, fast alle, hatte er zu Grabe getragen, außer unserer Großmutter, die ihm drei Kinder geboren hatte. Bettlägerig, krank, war sie von ihm wegen einer Bagatellsache mit den Kindern auf die Straße gesetzt worden. Sie zogen zu viert in ein Zimmer. Vater war gerade elf Jahre alt und der Älteste. Er verdiente nun das Brot als Laufbursche in einer Mühle, schlief auch dort. Seine jüngere Schwester pflegte die kranke Mutter. Es dauerte nicht lange, und die Mutter starb, krank, einsam, während unser Vater weit weg von zu Hause war. Die Nachbarinnen verheirateten seine Schwester mit einem mittellosen Jungen. Der Älteste war wohl schon zur Front.

Vater wanderte mit Wut durch das ganze Land, suchte Arbeit, wurde irgendwann zum Militär eingezogen. Als er einem selbstherrlichen Offizier die Stiefel nicht putzen wollte und aufmüpfig wurde, kam er ins Militärgefängnis. Nur diesen Teil seines Lebens erzählte er mit Stolz, fast zwei Jahrzehnte nach diesem Ereignis konnte man an seinen Augen sehen, was es für ihn bedeutet hatte, vor versammelter Rekrutenschar den Offizier genußvoll ausgepeitscht zu haben. Die drei Jahre im Militärgefängnis seien halb so schlimm gewesen, meinte er.

Damals war sein Vater bereits ein gemachter Mann. Der Handel mit Salz, aus dem nahe liegenden Salzsee gewonnen, brachte viel ein. Mit Karawanen verschickte er es ins ganze Land. Außerdem blühte das Geschäft mit dem Filzteppich. Die Bauern brachten die

Wolle selbst in die Stadt, die dann in den Werkstätten des Großvaters zu Filzmatten verarbeitet wurde. Geld und Ruhm hatte der adlige Salzhändler erworben. Doch Vater wollte nie mehr dorthin zurückkehren, wo er mit elf Jahren auf die Straße gesetzt worden war. Aus dem Militärgefängnis wurde er wegen guter Führung vorzeitig entlassen. Als er sich wie ein Neugeborener mit einer erloschenen Zigarette im Mund von außen an die Gefängnismauer lehnte, sah er bartlose Rekruten in den Hafen ziehen. Die Radionachrichten berichteten von einem Mann in Europa, so erzählten die Männer in den Kaffeehäusern und die Frauen an den Webstühlen, der wolle die Welt erobern und den Schlüssel an Gott überreichen. Es war das Jahr 1940. Dieses und die folgenden Jahre waren auch für unser Land magere, mühsame, von Hunger und Arbeitslosigkeit gezeichnete Jahre.

So zog Vater durch das Land, klapperte die Türen einiger Männer ab, mit denen er im Militärdienst oder im Gefängnis sein Brot und seine Sehnsüchte geteilt hatte. Manche aber wollten ihn nicht wiedererkennen, andere klagten, daß es ihnen ja selbst schlecht ginge, keine Arbeit, keine Hoffnung, nun auch noch der Krieg. Schließlich zog ihn die Nestwärme doch so sehr, daß er seinen Stolz überwand und eines Tages seinen Vater aufsuchte, um ihm die Hände zu küssen. Großvater hatte seinen Augen nicht getraut, hin- und hergerissen zwischen Stursinn und Rührung hatte er nicht gewußt, ob er weinen oder lachen sollte. Er erkannte ihn doch an seinem Muttermal an der linken Seite seines Gesichts. Er hatte geglaubt, Vater sei tot oder verschollen. Zwanzig Jahre war er als Landstreicher haltlos und in Verzweiflung von einem Ort zum anderen gezogen, auf der Suche nach Arbeit, halb satt, halb hungrig. Eine verlorene Kindheit und Jugend, verbracht in Mühlen und Werften, auf Feldern und in Fabriken. Mit elf Jahren lernte er das Rauchen, mit fünfzehn war die Anisflasche seine unentbehrliche Lebensgefährtin, er schlug und wurde geschlagen. Später trieben ihn Dolchstiche fast in den Tod, viele Gefahren hat er durchgestanden, nur der Lüge und dem Glücksspiel ist er nie verfallen. «Unser Beruf ist hart», sagte sein Vater, «wenn du darin etwas werden willst, mußt du arbeiten wie ein

Pferd. Ärger habe ich genug am Hals, nun an die Arbeit. Abends schließt du die Läden und kannst zwischen den Wollballen schlafen. Deine Wäsche nehme ich mit nach Hause, und das sind deine Brüder, Ali, Naci, Mehmet, Musaffer und Galip. Ich will keine Unannehmlichkeiten, ist das klar?»

Jeden Morgen mit der Dämmerung zog er mit den schweren Wollmatten ins öffentliche Badehaus, um sie dort unter Dampf und Hitze festzutreten, für einen Hungerlohn, drei Jahre lang. Jede Demütigung ließ er über sich ergehen. Verbissen und gierig lernte er mit seinen dreißig Jahren alle Geheimnisse und Listen des Handels. Sobald er etwas Fuß gefaßt hatte, setzte er sich von seinem Vater ab. Seine Brüder hatte er gern, auch die Stiefmutter war bei den seltenen Anlässen, bei denen sie sich sahen, entgegenkommend. Nur mit dem Geiz und der Gerissenheit und Gier seines Vaters wollte er nicht mehr leben, auch nicht mehr zusehen, wie die stadtfremden Bauern mit ihrer kostbaren Wolle erbarmungslos übers Ohr gehauen wurden. Im Gefängnis hatte er wenigstens ein Bett gehabt, hier mußte er tausend Tage zwischen Ungeziefer und Wollballen verbringen, jede Nacht wieder und wieder die gesparten Taler zählen, die er wie seinen Augapfel hütete. Unter dem Joch seines Unvaters lernte er dessen Beruf zu beherrschen. Nach drei Jahren – sein Rheumatismus machte ihm bereits zu schaffen – ging er, seinen Rücken der Vergangenheit kehrend, still und höflich davon.

Er ging in die kleinere Kreisstadt, zwei Stunden südlich vom Heimatort gelegen, dort wollte er bleiben, Fuß fassen, Geschäft und Familie gründen. Ein paar fürsorgliche Männer fragten sich, warum er, ein Mann fast Mitte Dreißig, noch immer nicht verheiratet war. Sein Geschäft lief bescheiden, aber doch so gut, daß er Frau und Kinder hätte ernähren können. – «So wollen wir dein Vater sein, überlaß uns die Geschichte, nur mußt du dich öfter in der Messe sehen lassen.» – So zog Vater Tag für Tag mit den Männern aus der Gasse in die Moschee, um bei dem Prediger Kredit zu sammeln, einen guten Eindruck zu erwecken. Kein Mensch wußte, daß er eine Tochter des Predigers heiraten wollte. Die

Männer wußten nur, daß der Mufti drei Töchter hatte, eine schöner als die andere, eine tüchtiger als die andere, alle drei im heiratsfähigen Alter. Fromm waren sie obendrein, das brauchte man ja nicht zu fragen, bei dem Vater.

Es ging alles schnell und ohne Zwischenfälle, bis auf die erste Begegnung. Welch ein historischer Augenblick. Da fiel nämlich unsere Mutter – gerade sechzehn geworden, noch in bäuerlicher Aufmachung, aber mit aristokratischen Erwartungen – in Ohnmacht. Auf den Treppen des Standesamtes, vor den Augen aller Anwesenden. Sie fiel in Ohnmacht, weil die Heiratsvermittlerin ihr unseren Vater anders beschrieben hatte. Sie selber hatte ihn ja auch nie gesehen, kannte ihn nur aus den Beschreibungen der Männer aus der Gasse. «Soll ich diesen alten Knacker heiraten, o Himmel, hab Erbarmen mit mir!» Und schon war sie weg.

Wie gut ich sie verstehe! Was hilft's? Sie mußte sich damit abfinden. Es reichte nicht einmal für ein aufgesetztes Lächeln. Sie sagte «ja», neben ihr standen die Zebanis, die Höllenwächter, wie sie ihre Brüder nannte, ihre Adleraugen auf sie gerichtet. Und der größte Tyrann, ihr Vater selbst, war nicht im Standesamt erschienen, diese Aufgabe hatte er seinen Söhnen übertragen. Unsere Mutter wußte nur zu gut, daß der geringste Widerspruch im Hause des Mufti nicht ohne Bestrafung bleiben würde. An der Wohnzimmerwand, neben dem Koranbeutel, hing noch das Jagdgewehr, allzeit bereit, mitgebracht aus jenem Bergdorf, als Mittel zur Konfliktlösung. Nur zur Abschreckung? Die Söhne des Hauses bedienten sich gern dieses Mittels. Vielleicht wußten sie oder ahnten zumindest, daß unsere Mutter ganz so engelhaft, wie sie wirkte, ja doch nicht war.

Als die Sippe damals das Dorf verließ, tagelang auf Ochsenkarren in die Stadt zog, da war ihnen nicht entgangen, daß unsere Mutter wochenlang wie ein Geist durchs Leben ging, apathisch und schluchzend. Man ertappte sie zu oft zwischen den Getreidesäcken, ihre Augen verquollen, sie aß und trank nichts mehr, schaute blicklos ins Leere. Mager war sie geworden. Ihr Zustand machte den Frauen angst, versetzte die Männer in Wut. Was könnte dahinterstecken? Natürlich eine Liebesgeschichte, was sonst. Ein Junge aus dem Dorf wahrscheinlich, und nun Trennungsschmerz. Nur die Sterne wußten den Namen des Geliebten, Keko. Konnte man es ihr übelnehmen? Ich nicht. Stell dir vor, Schwester, wenn unsere Mutter jenem geliebten Keko noch rechtzeitig in die Berge gefolgt wäre, was aus uns beiden geworden wäre. Im besten Falle wären wir in zwei Nachbardörfer verheiratet worden, und so wären wir wenigstens nicht ganz so weit voneinander entfernt. Und vielleicht sogar verhältnismäßig gut aufgehoben.

Nun zu unserer Mutter. Sonnenblumenfelder und ihre heimliche Liebe, ob du es glaubst oder nicht, noch viel später wurden ihr beim Erzählen die Augen feucht. Damals, als Onkel Keko schwerkrank in die Stadt ins Krankenhaus gebracht wurde. Seine Verwandten übernachteten bei uns, Mutter war in tiefste Trauer versunken, die Ärzte sahen wenig Chancen, er starb und hinterließ eine Frau und drei Kinder. Mutter verschwesterte sich mit der Frau des Verstorbenen, den Kindern gab sie einige unserer Schuhe und Kleider mit auf den Weg. So endete ihre erste Liebe, ohne eine zärtliche Umarmung, mit dem Tod. Zu dieser Zeit ging es uns wohl gar nicht so schlecht, wenn du bedenkst, wie unsere Eltern angefangen haben. Mutter erzählte uns immer wieder, daß sie auf eine Strohmatte und ein geliehenes Bodenbett eingeheiratet hatte. So ärmlich waren damals die Verhältnisse.

Nein, das ist keine Mißbilligung, und verzeih, wenn ich etwas spöttisch geworden bin über unsere Mutter und ihre Jammergeschichte, wie gut ich sie auch verstehen kann. Aber du weißt ja zu gut, wie mein Verhältnis zu Mutter war. Am wenigsten verzeihe ich ihr, daß sie uns auf der Suche nach einem Grund für ihr Unglück ein Leben lang vorwarf, daß wir am Leben geblieben sind und nicht schon als Babies krepierten. Wären wir nicht auf die Welt gekommen, so hätte sie längst unseren Vater verlassen, sagte sie. Doch ihre eigene Unfähigkeit gab sie nie zu, sie, die doch im Leben nichts zustande gebracht hat als zu weinen und zu jammern und ständig andere für ihr Unglück verantwortlich zu machen. Ihr Vater, ihre Brüder und schließlich wir mußten für ihre Misere, für die mißglückte Ehe herhalten, als ob es eine Schuld sei, daß wir die Kinderkrankheiten, den Hunger und ihre Demütigungen überlebt haben. Das schlimmste war ihre Lieblosigkeit, aber du kannst ja am wenigsten darüber klagen, denn schließlich warst du das erste Kind, das erste Glückserlebnis dieses unglückseligen Paares. So bist du von vorn bis hinten verwöhnt und geliebt worden.

Diese dein Beliebtheit übertrug sich auf alle, die dich umgaben, auf Verwandte, Nachbarn und schließlich auf deine Lehrer und Klassenkameraden. Hinzu kam noch deine erlesene Schönheit, so daß du, kaum zwölf Jahre alt, dort in der Provinz zum Stoff aller Begeisterung wurdest. Und auch dein Stolz war für viele bemerkenswert, vielleicht sogar schwerwiegender als deine Schönheit, denn in unseren frommen Kreisen durfte ein Mädchen nicht in Verruf kommen. Wie groß deine Schönheit auch sein mochte, die Unbefflecktheit hatte immer Priorität. Du warst daher der höchste Reiz für manchen auserwählten Jungen. Selbst dein Mathelehrer bat später – du warst gerade vierzehn – um deine Hand. Nein, sagtest du, du willst einen Besseren. Mit demselben Naserümpfen, mit dem du unsere Verwandten aus dem Dorf vor die Tür setztest, weil sie arm und bäuerlich waren, hast du es auch fertiggebracht, du kleines Biest, alle Bewerber noch an der Haustür mit deinem Mundwerk abzufertigen. Je klarer deine weiblichen Konturen Formen annahmen, desto größer wurde die Zahl der Jungen, die am Schultor auf dich warteten, und die der Väter, die, besorgt um ihre Söhne, unseren Vater aufsuchten. «Nein», war deine Antwort, frech und selbstbewußt. «Nein, ich will einen Besseren.»

Selbst unser Vater stand dir hilflos gegenüber, aber er konnte nicht umhin, seinen Stolz zuzugeben, und damit schürte er noch deinen gefährlichen Hochmut. Was hätte er auch tun sollen? Schließlich waren ihm nur drei von seinen sechs Kindern übriggeblieben, und du warst nun mal sein Augenstern und die Mitte seines Lebens. Nach dir wurde Duygu geboren, doch sie starb schon mit zweieinhalb Jahren an Meningitis. Von ihr wissen wir sehr wenig.

Von Duygu sprach unsere Mutter nur im Zusammenhang mit

meiner Geburt. Manchmal klang es so, als wollte sie sagen, daß Duygu starb, um mir Platz zum Leben zu machen. Dabei wurde ich erst zwei Jahre nach ihrem Tod geboren. Ich brauchte ihr die Lebenskraft nicht zu rauben. Doch ich bin nach wie vor davon überzeugt, daß meine Ankunft der Anfang des Untergangs unserer Familie war. Der erste kräftige Schlag gegen das eheliche Glück. Du gerade kannst am besten bezeugen, und wenn du ehrlich bist, auch zugeben, daß Mutter mich noch im Wochenbett verdammt hat. Die Hebamme prophezeite als erste, daß dieses Kind, das mit dem linken Arm zuerst und einer fest verschlossenen Faust aus der Gebärmutter herauskam, kein Glücksbringer sein würde.

«Faß das Brot nicht mit der linken Hand an!

Leg dich nicht auf die linke Seite beim Schlafen!

Zieh erst den rechten Schuh an!

Steh nicht von links auf!»

Ständig diese Linksdrohungen, die uns ein Leben lang verfolgten. Alles Linke war in ihrer kleinen Welt schlecht, böse und verflucht. Dann stellte sich auch noch heraus, daß ich ein Mädchen war. Damit war die düstere Prophezeiung der Hebamme besiegelt, nun konnte Mutter nur noch um ihr Schicksal weinen oder beten, der liebe Gott möge mich bald zu sich nehmen und vor einem sündhaften Leben bewahren.

Du wunderst dich sicher über all diese Dinge, die ich dir nun nach so vielen Jahren schreibe. Sicher bist du wie vor den Kopf gestoßen und fragst dich, ob all dies nicht besser hätte vergessen werden sollen; wozu es jetzt noch helfen soll, die jahrelangen Qualen der Toten und der Lebenden auszugraben. Du bist sicher erschüttert über meine unverbrämte Sprache und meinen unverblümten Umgang mit all den lieben Menschen, deren zur Schau gestelltes Glück doch immer nur Fassade war, nach dem Motto: «Um Gottes willen, was sagen die Leute!»

Du faßt dich sicher an den Kopf, wie es möglich war, daß du all die Jahre diese «Bestie» in deiner Schwester nicht erkannt hast. Ich komme dir bestimmt scheußlich vor, vielleicht verfluchst du mich sogar in dieser Minute. Du kannst die Tränen nicht halten, läufst zur nächsten Nachbarin, um loszuwerden, was dir widerfahren ist. Oder du wartest darauf, daß die Kinder von der Schule kommen, damit du mit ihnen gemeinsam dieses Biest von Tante zur Hölle wünschen kannst. Mitleid wirst du von ihnen ernten, und das steht dir auch zu. Sie werden dir in dieser schweren Stunde beistehen und ihre arme, arme Mutter mit Trost und Liebe zu stärken versuchen. Vielleicht wirst du ihnen gleich einen Abschiedsbrief an mich diktieren, mit Worten, die nur von dir stammen können: «Wir haben keine Tante mehr.» Dein Herz wird gar Gott grollen, auch ihn wirst du trotz deiner unermeßlichen Frömmigkeit verwünschen, weil er mich bis heute noch nicht unter die Erde gebracht hat; wo ich doch seit zwanzig Jahren in der Weltgeschichte herumreise, mit Autos, mit Schiffen und sogar im Himmel; da wäre es für ihn doch keine Mühe gewesen, mich stillschweigend bei einem Unfall um die Ecke zu bringen. Du wirst deine Knie schlagen und Gott anklagen, dein Gesicht zum Himmel emporrichten und fragen, ob du noch nicht genug Leid ertragen hast. Ein paar erzwungene Tränen werden deine Wangen berühren, und dann wird es höchste Zeit sein, daß du deinen Pfefferminzextrakt an die Nase hältst, um einer Ohnmacht vorzubeugen.

Die Kinder, ja, ihnen wird angst und bange sein um dich, um dein Herz und deinen Kreislauf. Aber das beeindruckt mich nicht mehr. Ich bin entschlossen, alles, was ich nun so lange in mir trage, auszusprechen. Ich bin nicht weniger verzweifelt als du, und darum gerade suche ich das Gespräch mit dir. Ich will, daß unser Verhältnis ehrlich wird. Ich will, daß du verstehst, warum ich nicht zurück will.

Frühe Bilder

«Sei verflucht, du alte Hexe!» schrie Vater die Hebamme an und spuckte ihr ins Gesicht, als er hörte, daß das Neugeborene ein Mädchen war. Er verließ das Haus, sein Stolz und seine Männlichkeit waren zutiefst gekränkt. Erst nach zwei Wochen schleppten ihn seine Freunde in betrunkenem, elendem Zustand nach Hause. An diesem Tag schlug er unsere Mutter das erste Mal. Sie jedoch spürte seine Fäuste nicht, weinte vor Freude und war froh, daß er zurückgekommen war. Sie zog ihm die zerlumpten Kleider vom Leib, wusch ihn und legte ihn schlafen. Ich glaube deshalb, liebe Schwester – denn es deutet ja alles darauf hin –, daß die beiden schon durchaus glücklich gewesen sein müssen, vom Anfang bis zu meiner Geburt.

Als er seinen Rausch ausgeschlafen hatte, teilte er Mutter seinen Entschluß mit, daß er das Filzgeschäft schließen und ein Meyhane, eine Taverne mit Alkoholausschank, aufmachen wolle. Diese Absicht war im Grunde nichts Weltbewegendes, und anderswo wäre es auch kaum aufgefallen, ob ein Sufflokal mehr oder weniger in der Gegend war oder nicht. Dort jedoch, in einer Stadt der Minarette und der Heiligen, war es ein Skandal sondergleichen. So kannst du dir vorstellen, liebe Schwester, welche Intrigen vor allem im Hause des Mufti, unseres Großvaters, im schimmernden Licht der Petroleumlampen vorbereitet wurden; dort berieten sie, wie unser Vater mit Hilfe religiöser Hexerei unauffällig zu beseitigen wäre. Doch dieser Plan scheiterte alsbald daran, daß keiner unserer Onkel bereit war, unsere Mutter, dich und mich aufzunehmen. Dann hätten sie noch drei weitere hungrige Bäuche zu füllen gehabt. Nein, dazu war keiner bereit, und auch der Großvater wollte nicht die Bastarde eines Ungeheuers in seinen heiligen Hallen beherbergen. Wer wußte denn, was für Unheil wir ihm bereiten würden? Schließlich waren wir aus seinem Samen gezeugt worden, der ja sicher nicht alkoholfrei war, und Alkohol war nach unserem Glauben die Quelle allen Unheils.

In jenen Tagen predigte der Großvater in der Moschee ununterbrochen, welch einen Schaden der Alkohol anrichten könne. Nächtelang hatte er all die dicken Bücher gewälzt, alles, was über die Sünden und Gefahren des Alkohols zu finden war, genau studiert. Er lernte alles, was Mohammed zu seinen Lebzeiten seinen Gläubigen über Alkohol gepredigt hatte, auswendig. So schaute er bedrohlich über die Brillengläser, den Zeigefinger auf die Schar der in der Moschee anwesenden Männer gerichtet, und warnte sie davor, je einen Schritt über die Schwelle dieser Taverne zu tun; das wäre der Verderb der heiligen Stadt. Habt keine Angst, laßt ihn ruhig – damit war unser Vater gemeint – sein Meyhane eröffnen; wenn ihr, alle Männer der Stadt, ihm fernbleibt, wird er es sehr bald schließen müssen. Geratet nicht in Versuchung, geht nicht hinein, aber tut ihm auch vorerst nichts an, denn Allah ist der Allmächtige und Allweise.

Mit diesen Worten glaubte er, Vaters Vorhaben noch im Keim ersticken zu können. Doch das Gegenteil war der Fall. Unser Meyhane wurde in kurzer Zeit zum Ventil für die Sorgen frustrierter Männer. Sei es wegen ihrer mißglückten Ehen und der frommen Frauen, die im Bett nichts mehr taugten, oder wegen der immer schlechter werdenden Geschäfte. Abend für Abend füllte sich die Taverne. Und Abend für Abend blieben immer mehr Männer weg von den euphorisch-bedrohlichen Predigten unseres Großvaters in der Moschee.

Bald waren viele Jungen der Provinz von dem süßen Rausch des Anisschnapses und des Weines befallen, so gab es oft Glas- und

Porzellanscherben in Vaters Taverne. Oder die Fensterscheiben gingen zu Bruch, wenn die Jungen und Alten etwas zu tief ins Glas geschaut hatten oder bartlose Möchtegern-Männer die Rechnungen nicht bezahlten, weil sie keinen Taler besaßen. Und ein drittes Mal wären ihre Väter nicht bereit gewesen zu bezahlen. Mütter strömten ins Lokal, um ihre Halbstarken heimzuholen, Frauen standen an der Lokaltür und flehten unseren Vater an, ihre Männer nicht mehr hereinzulassen, weil sie für Wein und Schnaps schon die letzte Diele versetzt hätten.

Auch die Polizei suchte unseren Laden auf, doch nach einem Glas Raki hatten sie nichts mehr einzuwenden und gingen wieder. Und beim Kommissar lieferten sie einen Bericht über eine tadellose Taverne ab, keine Prostituierten, kein Würfelspiel, sauber und hygienisch, der Wirt ein wohlerzogener Mann aus gutem Hause! Die Polizei wollte das Bomonti nicht schließen, weil es das einzige Lokal im Ort war, wo man sich unter Männern, ohne den Tratsch der Frauen, betrinken konnte. Zuweilen hatten auch der Richter der Stadt und mancher wohlhabende Geschäftsmann Gefallen daran gefunden, sich zweimal in der Woche von dem lyrisch begabten, distinguierten Wirt bedienen zu lassen. Nachdem der Richter und die zwei Anwälte nach wochenlangem Kopfzerbrechen eine interne Anordnung entworfen hatten, die den jungen Männern vor ihrer Militärpflicht den Alkoholgenuß untersagte, war das Bomonti richtig gemütlich geworden. Es schien, als hätten sich auch die Ehefrauen damit abgefunden, als trösteten sie sich mit dem kleineren Übel. Es wäre weitaus schlimmer, meinten sie, wenn ihre Männer dem Frauenvolk oder dem Glücksspiel verfallen wären. «So trinken sie, soviel sie vertragen, und im Endeffekt kehrt der Kater doch zum Heustall zurück!»

So wie das Leben eben spielt, wendete sich völlig unvorhergesehen bei uns zu Hause alles zum Guten. Vater und Mutter verstanden sich wie nie zuvor, arbeiteten Hand in Hand, und unsere Küche füllte sich mit allerlei köstlichen Sachen. Denn selbst mit den Resten aus der Kneipe, die Abend für Abend übrigblieben, hätte eine Armee von Kindern gesättigt werden können. Kistenweise Fleisch und Gemüse wurden jeden Tag ins Haus geliefert. Unsere Mutter bereitete daraus die köstlichsten Speisen für das Lokal, wobei sie die besten Teile, wie Putenhirn und Kalbsleber, für uns Kinder einbehielt, mit den Worten: «Ach, die Säufer merken ja doch nicht, ob es eine Fußsohle oder ein Steak ist, was sie kauen.» Und ich, das Siebenmonatskind, das mickrig und kränklich dahinvegetierende häßliche Ding, von dem man annahm, daß es bald die Seele aufgeben würde, überlebte zur Verblüffung aller alle stürmischen Zeiten.

Zugegeben, nie hätte ich deinen Rang von Schönheit erringen können; und wer wußte damals schon, daß auch noch andere Dinge als nur das Aussehen zum Leben gehören. Doch, unter uns gesagt, ich habe mich nie nach dieser Schönheit gesehnt, in keiner Phase meines Lebens war mein Aussehen mir lästig, nicht einmal, als ich mit lauter Pickeln im Gesicht die Pubertätsjahre durchstand.

Knapp zwei Jahre nach mir, also mitten in den Erfolgsjahren von Vater, wurde Oylum geboren. Als dieselbe Hebamme diesmal meinem Vater die frohe Botschaft überbrachte, daß eine Lichtkugel von einem Jungen geboren worden war – sie hatte das entscheidende Organ vorsichtshalber immer wieder betastet, um sicherzugehen –, da war er wie von Sinnen. «Bist du auch ganz sicher, daß es ein Junge ist, Glück oder Unglück, Hauptsache es ist ein Junge!» rief er und rannte in die Stadt zum Juwelier. Unterwegs grüßte er alle Bekannten auf der Straße und teilte fröhlich mit, er wäre soeben Vater geworden. Er kehrte mit sieben goldenen Armreifen für unsere Mutter zurück. Glück, Glück, nichts als Glück. Nur über eines kam Mutter nicht hinweg, daß Vater nämlich so aufrührerisch Gott gegenüber war, sogar das Unglück in Kauf nahm, weil es ein Junge war. Daß ihre Sorge berechtigt war, sollten wir viel später erleben. Auch in späteren Jahren erwähnte sie den unheilbringenden Spruch unseres Vaters mit Bedauern, wenn sie sich über unseren Bruder beklagte. Vater hatte ihrer Meinung nach einen großen Fehler begangen, indem er Gott zu danken vergessen hatte. Denn das war ein schweres Vergehen und konnte nicht ungestraft bleiben.

In all diesen Jahren lagen die Beziehungen zu unserem Großvater, dem Mufti, und seinen Söhnen auf Eis, doch das Bündnis der

Frauen funktionierte hervorragend. Unsere Tanten und die Großmutter trafen sich heimlich mit unserer Mutter und fast immer bei uns, zumal unser Vater ja eigentlich nichts dagegen hatte; außerdem gab es damals bei uns am meisten zu essen. Oft genug suchten besonders die jüngeren Tanten bei uns Zuflucht vor den Männern, wenn auch nur für einen Nachmittag, weinten sich aus und kehrten dann gegen Abend, bevor ihre Ehemänner nach Hause kamen, mit gefüllten Taschen voller seltener Köstlichkeiten heim.

Eine unserer Tanten war mit einem Glücksspieler verheiratet, nein, er war der einzige Sohn einer reichen Bäuerin, erst in späteren Jahren stellte sich seine Leidenschaft für das Glücksspiel heraus. Nach dem Tode seiner Mutter verspielte er seinen ganzen Besitz, stand dann irgendwann ohne alles da. Die Gewinner setzten ihn und seine Familie aus dem verbliebenen Häuschen auf die Straße, so daß kaum ein Tag verging, ohne daß wir unser Haus mit der Tante und ihren Kindern voll hatten. Sie war die einzige Gescheite unter all den Verwandten, zumindest für mich. Dir war unsere Sippschaft von Anfang an zuwider, so hieltest du dich fern von all diesen Ereignissen. Damit spartest du dir zwar viel Ärger, warst aber auch um manche wichtige Erkenntnis des Lebens ärmer. Ich fühlte mich selbst als Kind zum Elend hingezogen, als suchte ich die Weisheit darin, und ich kann sagen, daß dieses Interesse mir besonders in späteren Jahren die Augen geöffnet hat. In mir sind noch so viele lebhafte Eindrücke aus dieser Zeit lebendig, wie die Figuren des Elends.

Wie ein Magnet zogen mich Alte, Kranke, Ausgestoßene, Bettler, Zigeuner, arme Menschen an. Nur wenige solche Bilder bleiben eigentlich im Gedächtnis eines Kindes haften, doch wenn, dann bleiben sie anscheinend auf ewig.

Ich ging noch nicht zur Schule. Mutter hatte mich zum nächsten Laden geschickt, irgend etwas zu besorgen. An der Hauptstraße vor der einzigen Arztpraxis unseres Ortes stand ein Pferdewagen, eine Frau weinte bitterlich um ihr Kind; es lag tot in den Armen ihres Mannes, der gerade aus der Arztpraxis herauskam und sich dem buntgeschmückten Wagen näherte. Die Frau warf sich auf das tote Kind, bunte Pillen rollten auf die Straße, die Passanten und die

Inhaber der umliegenden Geschäfte blieben stumm, keiner näherte sich ihnen, keiner nahm teil an der Trauer dieses Zigeunerpaares. Sie schauten zu, der Wagen rollte wenig später langsam weg und verschwand bald aus unseren Augen. Das Klagelied der Frau hörte man noch lange aus der Ferne. Immer wieder hörte ich diese Stimme, wenn der Tod in meine Nähe kam. Es war meine erste Begegnung mit dem Tod.

Bald dreißig Jahre sind seitdem vergangen. Die Zigeunerfrau wird sicher nicht mehr am Leben sein. Und doch ist die Erinnerung nicht aus meinem Gedächtnis gelöscht. Danach war auch für uns Kinder der Tod nicht mehr so eindrucksvoll wie das erste Mal. Wie Erwachsene gingen auch wir Kinder an den Toten vorbei, wenn sie herrenlos auf der Straße lagen, mit Zeitungspapier bedeckt. Häufig waren solche Szenen in den harten, kalten Wintertagen, viele alte Leute starben. Auch unser Großvater, der Mufti, starb. Aber anders. Einen Abend vorher spürte er an seiner linken Schulter einen stechenden Schmerz und schlief ein. Am nächsten Morgen fand Großmutter den schon lange vermißten Schlüssel der Vorratskammer an seinem Leib festgebunden. Ja, das Leichtentuch hat keine Taschen.

Da wir uns ständig unter Frauen aufhielten und die Frauen mit ihren leidenden Worten und Mienen so häufig über den Tod redeten und gestikulierten, nach der Nähe der Toten weinten und für sie beteten, war der Tod ein gewöhnlicher Bestandteil unseres Alltags. Dazu kam noch, daß unsere Mutter, eine durch ihren Vater religiös gelehrte und vertrauenswürdige Frau, zur Totenwäscherin wurde.

Du erinnerst dich sicher noch an die alte Muhsine Nine, die Märchenerzählerin unserer Kindheit. Auch ihr erwies Mutter nach ihrem Tode diesen letzten Dienst. An den langen Winterabenden eilte sie mit hinkendem Bein über Schnee und Glatteis zu uns, mit einem Stock in der einen und mit der Petroleumlampe in der anderen Hand, um uns mit ihren Geistergeschichten etwas Abwechslung zu bringen. Abend für Abend erfand sie neue Geschichten, und wenn sie selbst dabei einzuschlafen begann oder den roten Faden verlor, wußte unsere Mutter, daß es an der Zeit war, ihr Bett herzurichten.

Außer einer Schar von Kindern, die auch aus der Nachbarschaft zu uns strömten, um ihr zuzuhören, fand Muhsine Nine auch Nestwärme in unserem Haus. Vater kam fast jede Nacht erst in den Morgenstunden heim, nachdem er den letzten Säufer auf die Straße gesetzt, die Kasse geleert und die Fensterläden verschlossen hatte, nicht selten sogar bei Sonnenaufgang, wenn die ersten Rufe von den Minaretten klangen, die ersten Hähne krähten. So war es ihm nur recht, daß unsere junge Mutter und wir Kinder durch die abendliche Begleitung der Muhsine Nine unseren Vater nicht zu vermissen brauchten.

Sie, unsere Märchenfee, hinkte nur mit einem Bein durchs Leben, als hätte sie mit dem Engel Gabriel schon ihren Vertrag gemacht; sie wußte, wann es soweit sein würde. Dann jedoch wollte sie in ihrem eigenen Bett sterben. Ihr einziger Sohn hatte all die Jahre hindurch nicht gegen das Naserümpfen seiner Frau und seiner Töchter Melike und Meral über seine Mutter ankämpfen können. Schließlich einigten sie sich und meinten, nach ihrem Gewissen zu handeln, indem sie ihr hinten, im wildgewachsenen Garten, ein Häuschen aus Lehm zusammenbauten. Ab und zu stellten ihre Enkelkinder auf Wunsch ihres Vaters einen Teller Essen vor die Tür.

Dennoch mußte sie nicht Hunger leiden. Muhsine Nine war in unserer Gasse geboren, in diesem ihrem Hause aufgewachsen, in diesem Haus hatte sie geheiratet und war sie alt geworden. Auch sterben wollte sie in diesem Haus, das nun seit langem von ihrem Sohn und seiner Familie bewohnt wurde, obgleich es ihr Eigentum war. Nun war sie zufrieden in der Lehmhütte hinten im Garten, denn die Leute aus unserer Gasse, die Menschen, die in all den Jahren dort ein- und ausgezogen waren, vergaßen Muhsine Nine nie. So vielen hatte sie geholfen, bei Geburt und Tod, bei Heirat und Scheidung, nun dankten diese Menschen es ihr. Besonders an Feiertagen und in heiligen Monaten wurde sie mit Geschenken und Spenden überhäuft, in den letzten Jahren brauchte sie sich nicht einmal Sorgen zu machen, wie sie über den Winter heizen sollte. Irgendein gottergebener Mann würde einen Armvoll Kohle und zwei Eselslasten Holz, die von der Gemeinde gesammelt worden waren, vor die Tür schütten; und die Kinder aus der Gasse, die mit ihren atemberaubenden Geistergeschichten groß geworden waren, stapelten die Kohle und das Holz im Stall ordentlich auf, kehrten vor der Haustür den schwarzen Kohlestaub und zogen dann schweigend davon. Abends, wenn sie ihnen wieder ihre Märchen erzählte, konnte sie an den Fingernägeln der Kinder erkennen, wer geholfen und wer geschwänzt hatte. Und selten gab es ein unbeteiligtes Kind.

Da unsere Mutter von ihrem Abkommen mit Engel Gabriel wußte und daran glaubte, wartete sie schmerzlich auf jenen Abend, an dem Muhsine Nine sagen würde: «Heute ist es mir mitgeteilt worden, heute will ich in meinem eigenen Bett schlafen.» Dann würde sie unsere Mutter umarmen, uns Kindern über die Haare streichen, ihre Hand zum Küssen ausstrecken, wie bei einem allabendlichen Abschied, ohne besondere Worte. Sie würde Mutter bitten, unserem Vater zu danken für alles in unserem Hause Gegessene und Getrunkene, das er im Schweiße seines Angesichts verdient hatte. Und Mutter würde sie zur Tür begleiten, stumm hinter ihr herschauen, bis das Licht ihrer Petroleumlampe in der Finsternis verschwunden wäre: «Paß auf dich auf, Muhsine Nine, wir brauchen dich!» Und sie wüßte doch, daß dies der letzte Abschied wäre.

Bevor Muhsine Nine starb, hatte Mutter ihr die Erfüllung ihres einzigen Wunsches versprochen; nur sie sollte ihre Leiche waschen. Und ich habe an jenem Tag mit der Kürbiskelle Wasser auf ihren nackten, abgemagerten Körper gegossen. Im Freien auf einer Holzpritsche, da lag sie nun, unsere Nine. Als Mutter sie liebevoll wusch, abtrocknete und ihre Haare schmückte, ihr saubere Sachen anzog, hatte ich trotzdem das Gefühl, daß sie fror. Mutter meinte, ihr Körper würde nichts mehr spüren, ihre Seele längst im Himmel sein. Keine Sorge! Diese Lichtstrahlen auf ihrem Gesicht, und wie sie lächelte!

Kannst du dir vorstellen, daß ich damals die Toten liebhatte? Man kaufte keinen neuen, zur übrigen Trauerkleidung passenden Hut, man bestellte keine Kränze, streute keine Blumen, und kein Tisch für dreißig Leute in einem renommierten Lokal, keine Kerzen, aber auch keine verlogenen Schmerzenstränen. Muhsine Nine wurde mit viel Liebe und zärtlichen Versen gewaschen, ihr Haar wurde geschmückt, geküßt, gestreichelt von Frauen und Kindern, die sie zu ihren Lebzeiten hochgeschätzt und geliebt hatten. Weißt du, Schwester, nur so möchte ich sterben. Mit einem Lächeln aus dem Leben scheiden!

Als wir wenige Jahre später die Erzählungen von Muhsine Nine bis zu den Schulbänken trugen und weitererzählten, klangen sie schon fast wie die Wirklichkeit selbst. Und oft genug in meinem Leben traten mir diese Figuren und die Ereignisse, die Handlungen, in einem unerwarteten Moment entgegen. Welch eine Fülle von Prophezeiungen und Erkenntnissen lagen doch in diesen Märchen! Wir hatten Glück und haben noch eine Prise Geist aus jenen Zeiten mitbekommen; als unsere jüngste Schwester geboren war, wehten schon neue Winde in unserem Land, in unserer Welt.

Unsere Mutter glaubte: Wo Alkohol ist, da ist das Unheil nicht weit, sie wartete darauf und rechnete im stillen mit schlimmen Ereignissen. Dennoch mischte sie sich nicht in Vaters Angelegenheiten. Auch fühlte sie ja im stillen, wie gut es uns ging, und der Rausch des Wohlstands milderte ihre Einwände gegen die Kneipe, die Quelle von Sünden und Unheil. Doch sie sollte recht behalten.

Eines Nachts wurde unser Vater auf der Straße aufgefunden, von dem Ortshelden Güllüoğlu mit sieben Messerstichen durchbohrt. Als in der Nacht der Straßenwächter an die Tür klopfte, schliefen wir schon alle. Mutter weckte uns auf mit einem Geschrei: «Euer Vater ist geflogen, er ist geflogen!» Sie hatte geglaubt, er sei tot, noch wußte sie nicht, daß dieser Mann ihr weitere 25 Jahre Schutz und Qual bieten würde. «Noch ein Millimeter näher ans Herz, und wir hätten Ihren Mann nicht retten können», sagte der Arzt.

Von nun an änderte sich unser ganzes Leben. Vater lag fast ein Jahr lang regungslos auf dem Rücken, das Bomonti mußte geschlossen werden, wir fünf, Mutter und vier Kinder, zogen in Großmutters Haus. Kein Geld, kein Putenhirn und keine Kalbsleber mehr, dazu wurden die goldenen Armreifen der Mutter verkauft, wie gut, daß sie noch rechtzeitig einen Sohn geboren hatte.

Während der Genesungsperiode unseres Vaters, teure Schwester, fingst du schon an, die ersten Stiche und Muster für deine Aussteuer zu üben. Asya war fast noch ein Säugling, und Oylum tobte draußen im Staub und spielte mit Murmeln. Mutter und Großmutter schienen das erste Mal die Zeit zu haben, einander auf der Veranda, im kühlen Schatten des Weinlaubes, über sich zu erzählen. Da sie meistens flüsterten, sich betasteten, streichelten und dazu ein paar leise Tränen fließen ließen, kann ich nicht genau sagen, worüber sie sprachen, aber mich zog es auch nicht zu ihnen. Ich war damals gerade in der zweiten Klasse, und trotz meiner um zwei Jahre verfrühten Einschulung so ehrgeizig, daß ich problemlos mit dem Leistungsstand der Klasse mithielt. Lesen konnte ich schon ohne Mühe. So saß ich am Bettrand des Vaters, wischte ihm den Schweiß ab, brachte sein Essen und las ihm die unsterblichen Verse von Omar Hayyam vor.

«Vergeht im Nichts die Lust – der Kuß, der Wein –
Und alles fließt daraus und fließt darein –
Denk, Du bist heute, was Du gestern warst,
Sollst darum morgen auch nicht weniger sein.»

Der Geist in der Lyrik von Hayyam, die Beschwörung der zwei schönsten Dinge des Lebens, der Liebe und des Weins, verhalf ihm zu überleben.

Noch heute, wie du weißt, trage ich die Geburtsurkunde von Duygu. Warum Vater unsere Schwester nach ihrem Tod nicht abmeldete, weiß ich nicht. Bei meiner Geburt hatte er ja das Haus verlassen, hatte vor lauter Ärger nicht einmal daran gedacht, mich registrieren zu lassen. So bin ich, Schwester, heute in der Fremde in unzähligen Akten und Apparaten mit Duygus Daten, also vier Jahre älter, als ich eigentlich bin, eingetragen. Inzwischen macht es mir nichts mehr aus, nur habe ich Probleme, den Menschen in diesem Lande, die selbst Hunde mit genauesten Daten beglücken, mein kleines menschliches Unglück glaubhaft zu machen.

In der ersten Klasse wollte man mich nicht nehmen, die Lehrerin hatte gesagt: «Ihr fehlen ja geradezu Windeln und ein Schnuller, neben sechzig anderen Schulanfängern kann ich mich nicht noch mit einer Vierjährigen abrackern.» Ali Riza Bey, unser Schulleiter, ein Tscherkesse, der meinen Vater gut kannte, bestand jedoch wegen des Gesetzes darauf, daß ich eingeschult wurde, damit Vater später nicht wegen einer Späteinschulung Probleme bekäme.

So wurde ich trotz aller Einwände mit vier Jahren eingeschult.

Im ersten Winter trug Mutter mich in eine Wolldecke eingehüllt zur Schule und zurück. In der ersten Woche schon kam ich mit einem blauen Auge aus dem Klassenraum. Die Lehrerin hatte mein Gesicht gegen die Tischkante geschlagen, aus Versehen, versteht sich. Unsere Eltern haben vor lauter Angst vor der behördlichen Autorität nichts gegen sie unternommen. So habe ich meine Wut die ganze Zeit zähneknirschend mit mir herumgeschleppt, bis irgendwann, viel später, sie, die Lehrerin, obwohl verheiratet, mit ihrem Geliebten im ehelichen Schlafzimmer auf frischer Tat ertappt wurde! Dieser Skandal verbreitete sich in der kleinen Stadt blitzschnell. Und ich lief triumphierend aus dem Klassenzimmer in den Hof und verbreitete schreiend die Nachricht: «Melahat Hanım basılmış!» Daraufhin bekam ich einen Tadel und mußte der Schule eine Woche fernbleiben; aber hatte sich der Triumph nicht gelohnt? So wurden wir eigentlich schon als Kinder Zeugen der Doppel- und Scheinmoral der Menschen, und es war bestimmt nicht zu unserem Nachteil.

Du hast den Schlaf schon immer geliebt wie dich selbst. Und wenn ich nachts aus dem Schlaf erwachte, um auf die Toilette zu gehen, und dich bat, mich zu begleiten, weil ich Angst hatte und weil gerade im Lehmhäuschen ein neues Klo unter freiem Himmel hergerichtet worden war, bewarfst du mich mit tausend Vorwürfen. So mußte ich allein gehen, und eines Nachts rutschten mir schließlich die beiden Bretter auf dem Klo weg, und ich fiel hinein. Du schliefst schon wieder, und kein Mensch weiß, wie lange ich dort unten geblieben bin. Vater hatte sich damals schon längst von den Messerstichen erholt, er verkaufte Brot in der Bäckerei und kam auch nicht mehr so spät nach Hause. Als er mich nicht im Bett fand, wo wir vier sonst wie die Sardinen nebeneinander lagen, begriff er das erste Mal, so hat er später gesagt, was ich ihm bedeutete. Mit einer langen eisernen Feuerzange holte er mich aus der Tiefe des Klos, nachdem er lange darin gerührt hatte. Der Mond war klar, der Himmel übersät mit tausend Sternen, ich fror, mir klebte die Scheiße an den Kleidern, Vater brüllte, ich wußte immer noch nicht, was mit mir geschehen war. Vielleicht schlief ich sogar im Stehen. Du verfluchtest mich im Innern und verwünschtest mich von ganzem Herzen. Dabei war ich diejenige, die in der Scheiße steckte, nur um deinen Schlaf war es geschehen und nur eine einzige Nacht.

Dieses Erlebnis hat mich nie verlassen. Immer wieder bin ich tief gefallen und habe jeden Halt verloren. Zur Zeit bin ich eingeschlossen, und die Welt da draußen wird mir zuviel, und ich bin so sicher, daß dies nicht nur mein Problem ist. Ich komme mit den zugeknöpften Herzen hier im Lande nicht zurecht, ich habe Angst. Immer mehr werde ich zu einem weltfremden Menschen, ich kenne die Spielregeln dieser Welt nicht mehr, es vergeht kaum eine Woche, wo mir in dem ständigen Provisorium meines Lebens nicht die Bretter unter den Füßen wegrutschen. Ich weiß schon längst, es ist keine Lösung, nach Madras zu gehen; ich habe mein eigenes Kloster, und ich bin noch nicht einmal Mitte Dreißig. Und weißt du, ich habe nicht vergeben, was für ein Unfug damals in unseren Schulen mit uns Kindern getrieben wurde. Gehorsam, Stolz, Fleiß. Tragen wir den Schmerz der alten Zeiten mit uns? Jedes Wort, jede Geste hat sich in mein Gedächtnis eingegraben. Doch ich will diese Bilder loswerden, die mich verfolgen. Ich will mich von den bösen Wahrheiten und Lügen der Vergangenheit frei machen, es gelingt mir nicht, ich schreie rückwärts, ich klage diejenigen an, die uns die Zukunft nahmen. «Sie sollen sterben», dachte ich in meinem Traum.

Mein buckliger Geschichtslehrer Çamlıbel, «der Tannenpaß», sagte meinem Vater einmal – ich war in der vierten Klasse und gerade sieben geworden –, ich redete zuviel in der Klasse, etwas Großes, gar eine Leuchte, würde aus mir nicht werden. «Keine Zeit vergeuden», meinte er. Vater bedrückten diese Worte, ich konnte es in seinen Augen sehen. Doch er ließ mich nichts spüren, leise verfluchte er den Tannenpaß.

Als Kind erwachsen sein

Unsere Hände brannten von glühenden Brotstücken, unsere Köpfe waren heiß von der Glut des brennenden Ofenfeuers mitten im Monat August in dieser verwüsteten Stadt. Vater und Tochter – wir schmissen den Laden, in vollem Vertrauen, wir vertrauten einzig und allein auf die Kraft unserer Hände, der Schweiß unseres Angesichts widerlegte die mißbilligenden Worte des Tannenpasses, des Geschichtslehrers, wir glaubten an uns selbst. Ich siebte das Mehl, knetete das Brot, beobachtete still, wie Mahmut Usta auf langen Holzschiebern die wohlgeformten Brotlaibe vor das Feuer schob. «Du darfst nicht mit dem Feuer spielen!» Ich beobachtete die Flammen, dann die Glut, der Brotteig wird nie in den flammenden Ofen hineingegeben, erst muß die Glut reifen. Händereibend wartete ich auf die Arbeit, da flogen schon hastend die ersten braungebrannten Brotlaibe aus dem Ofen, als wären sie vor der Glut in die Freiheit geflohen, so atmeten sie, und der Dampf! Nur einen Augenblick ließen wir sie ausatmen, es war nur noch meine Arbeit, sie im Schaufenster auf die Regale zu legen, so daß den Passanten das Wasser im Munde zusammenlaufen mußte. Brot... Gab es etwas Schöneres als dich, deinen warmen Duft und deine Form in meinen Händen?

In diesen Jahren begannen sich unsere Wege zu trennen. Während du körperlich und geistig immer weiblichere Formen annahmst, wuchs ich unter den Männern in der kleinen Gasse auf. Ich war die rechte Hand des Vaters geworden, aber auch Laufbursche des Schusters, des Barbiers und anderer Männer, die in unmittelbarer Nähe der Bäckerei ihre kleinen Läden hatten. Sie steckten mir beim kleinsten Gefallen eine Handvoll bunter Lutscher und ein paar Nüsse zu, so war ich am liebsten bei ihnen; auch wenn mir in diesen kleinen Geschäften schon beim Eintreten ein Gemisch von Indigo, Seife, Öl und Naphthalingeruch entgegenschlug, doch irgendwann begann ich gerade dies zu lieben. Während Asya noch am Daumen nuckelte und Oylum Paşa, unser kleiner Bruder, mit seiner Kinderbande die Überfälle nachahmte, die er im Kino gesehen hatte, und auf unserer gutmütigen Großmutter ritt wie die Superhelden seiner Lieblingswestern, fand ich immer mehr in der Männergasse mein Zuhause. Ich kannte die Läden in der Nachbarschaft in- und auswendig und hätte stundenlang die Gewürzsäcke, die in den Regalen hängenden getrockneten Okrabohnen, die Kernseifekisten, vor allem aber die bunten verschiedenartigen Bonbons ansehen können. Ich beneidete die Besitzer dieser Läden. Zu meinen schönsten Erlebnissen gehörte es, wenn der Lieferwagen vor einem der Läden anhielt und ich dabei mithelfen durfte, die Ware ins Geschäft zu tragen. Außerdem sahen die Geschäftsinhaber in meiner Unschuld eine Glücksbringerin, so konnte ich ungestört zu jeder Tageszeit bei ihnen ein und aus gehen.

Einmal im Monat kam von einem der umliegenden Seen – nur im Winter – ein Lastwagen voller Fisch. Die einzige Abwechslung in der eintönigen anatolischen Winterküche. Aus Neugierde kauften die Leute den Fisch, meistens die feine Prominenz aus der Verwaltung, da Fisch als feinste Delikatesse galt. Da sie aber keine richtigen Fischkenner und -genießer waren, warfen sie die Hälfte dieser teuer errungenen seltenen Tiere den Katzen vor. Am Abend der Lieferung stanken der Markt und seine Umgebung so entsetzlich nach faulem Fisch, daß man glauben mußte, die Stadt sei von der Pest befallen. Eine Armee von Katzen miaute die halbe Nacht auf dem Marktplatz und vor den Häusern der Fischherren. Ein neuer Geruch hing über der Stadt. Weitaus schlimmer war aber der Anblick am nächsten Morgen, die mit Fischköpfen und Schwänzen, mit Gräten und Innereien übersäten Straßen. Man kehrte alle Arten von Abfall eingewickelt in Zeitungspapier vor die Haustür, und die Katzen brauchten nur darin zu wühlen.

Um diesem Elend ein Ende zu setzen, ersuchten ein paar pflichtbewußte Bürger der Stadt beim Bürgermeister darum, die Fischlieferung zu verbieten. Der Bürgermeister, ein Kind des Volkes, tröstete die empörte Mehrheit, er habe soeben erfahren, daß in den nächsten Tagen eine größere Fischlieferung in Büchsen ankommen würde. Es kamen Sardinen in Büchsen, Lastwagen voll. Es waren die ersten Konserven, die in unsere Stadt kamen. In größeren Städten gab es sie schon lange, doch in unserem kleinen Ort inmitten der Steppe war solche Nahrung aus Blechbüchsen bis dahin unbekannt gewesen. Zwar blieb der Himmel die meiste Zeit trocken, und der Boden war nicht sehr fruchtbar, aber es reichte uns, was unsere Menschen selber anbauten. Was wir nicht hatten, kannten wir nicht, was wir nicht kannten, konnte uns auch nicht schmecken. Und nun kamen Sardinen in Dosen. Die Menschen kauften sie aus Neugierde und waren begeistert.

Neugierde ist nicht gut, hatte man uns gelehrt. Lag es an den Fischen oder an den Roststellen der Büchsen, daß viele Menschen wegen Vergiftung ins Spital eingeliefert werden mußten? Wie ein historisches Ereignis erschütterte diese Reifeprüfung die Einwohnerschaft der ganzen Stadt. Noch geraume Zeit sprach man von dem Ereignis mit den Büchsensardinen. Manche behaupteten, es sei ein Alptraum gewesen, andere bestanden auf einem Fluch Gottes. Je mehr die Zeit das Ereignis Vergangenheit werden ließ, die Erinnerungen verblaßten, desto satirischer wurden die Erzählungen. Die allerletzte Variation des Epos der Fische klang dann wie eine erfundene Geschichte, weit entfernt von dem tatsächlich Erlebten. Für diese Männer aber sollten der nächtliche Besuch im Spital und die qualvollen Magenspülungen ihr Lebtag unvergeßlich bleiben. Wenn sie nicht dem Tode nah sind, werden sie ihr Leben lang einen

Bogen um das Spital machen, um diesen kleinen, häßlichen, übelriechenden Ätherbau. Und die Sardinen! Sie verfaulten in ihren Büchsen, und irgendwann landeten sie, wie sie gekommen waren, in der städtischen Müllabfuhr.

Dennoch hörte die monatliche Lieferung von Blechbüchsen nicht auf. Zwar nie wieder Ölsardinen, dafür allerlei anderes, Gemüse, das wir bislang in unseren Gärten ernteten, in der Sonne trockneten und in den kühlen Kammern lagerten, um es im Winter zu verzehren. Auberginen, Zucchini, Okrabohnen, Paprika, nun kamen sie in Büchsenfrische, eingelegt in Zwiebeln und Knoblauch, als hätte man sie gerade abgepflückt.

Eine Sensation nach der anderen kam damals in unser Dorf. Siegfried, der Deutsche, den unsere Leute Zifrit, «Finsternis» nannten, da der Name dieses sympathischen blonden Ariers doch für sie schwer auszusprechen war, brachte das Fahrrad, das zweibeinige Teufelsschiff, in unsere Stadt. Und als unsere Gelder in Fremdwährung nach England und in die USA flossen und dadurch weniger Luxusgüter wie Kaffee ins Land kamen, zauberte er aus siebenmal gebrannter Gerste Kaffee. Zwar hatten sich die Männer an den Gerstengeschmack ihres Gemütskaffees bald gewöhnt, doch für das zweibeinige Teufelsschiff konnten sie keine Erklärung finden. Wie sie es auch sonst bei ihnen unerklärlichen Dingen taten, sprachen sie, ihre Bärte streichelnd: «O Allmächtiger, vergib uns unsere Sünden.» Siegfried war einer von uns, was blieb ihm auch sonst übrig? Außer bei den religiösen Ritualen in der Moschee war er überall mit guter Laune dabei und gern gesehen.

Ich weiß nicht, wie es euch Frauen zu dem Zeitpunkt ging, aber in der Männerwelt draußen in der Stadt war es urgemütlich. Außer den kleinen alltäglichen Wehwehchen der älteren Männer gab es kaum Klagen. Streit gab es nie unter ihnen, da jeder vor seinem eigenen Laden kehrte, und das Gefühl, daß jeder für den anderen da war, vermittelte Zuversicht. Wenn Kunden kamen, bewegte man sich gelassen zum Tresen, und es schien so, als sei es mehr Unterhaltung als Geschäft. Wenn nicht, dann saß man an Sommertagen vor den Geschäften, trank Tee und beredete, was es so zu bereden gab.

Wenn die Sonne glühend über den Köpfen stand, gab es in jedem Laden eine kühle Ecke für den Mittagsschlaf. Gegen Nachmittag gingen die Schaufensterläden wieder hoch, und die Straße belebte sich. Es war nicht üblich, in den langen Mittagsstunden nach Hause zu gehen, und auch Vater blieb in der Bäckerei, um seinen Mittagsschlaf zwischen den Mehlsäcken zu halten, oberhalb des Backofens, wo es höllisch heiß war; außerdem wimmelte es von Kakerlaken. Er behauptete, die Wärme täte seinem qualvollen Rheumatismus gut, aus demselben Grunde verschrieb er sich auch immer mehr dem Alkohol.

Merkwürdig. Vater hat mich nie merken lassen, wenn er krank war und wo er seine schlanke Rotweinflasche versteckt hielt. Wenn sein Sprechen zum Lallen überging, dann wußte ich, daß es an der Zeit war, daß er sich zwischen die Mehlsäcke zurückzog, um seinen Rausch auszuschlafen. Denn wir wußten, daß es ihn seine Stelle kosten würde, wenn die Kundschaft seinen Zustand bemerkte. Manchmal stattete sein Chef ihm unerwartet eine Visite ab und drohte ihm, mit seinen goldenen Zähnen wie ein bißbereiter Hund knirschend, das allerletzte Mal, ihn vor die Tür zu setzen, sollte er ihn noch einmal am hellichten Tage in diesem Zustand erwischen. «Sei froh und dankbar, daß ich dir noch nicht die Tür gezeigt habe, ich habe Mitleid mit deinen vier Kindern und deiner frommen Frau!» Vater, in Not und Verzweiflung, versuchte ihm, seinem viel jüngeren Chef, die Hand zu küssen, um Verzeihung zu bitten und beteuerte ihm, das würde nie wieder vorkommen.

Zu Hause erwartete Vater nichts Besseres. Unsere junge Mutter, die sonst so unerfahren und zahm tat, wurde zu einer Löwin, wenn sie unseren Vater in betrunkenem Zustand erwischte. Sie wußte, daß er dann besonders schutzlos war und jede Erniedrigung über sich ergehen ließ, um anschließend, wenn der Vulkan sich beruhigt hatte, etwas Ruhe zu haben. Und Mutter wußte zunehmend besser diesen betrunkenen, wehrlosen Zustand auszunützen. Um dieser Hölle zu entweichen, blieb er irgendwann sogar über Nacht in der Bäckerei, mußte jedoch am nächsten Tag mit einem viel schlimmeren Sturm und einer noch erbarmungsloseren Verwüstung rechnen.

Mutter fing nämlich an, bei jeder kleinen Auseinandersetzung ihren Koffer zu packen, nahm unsere beiden jüngeren Geschwister und verließ das Haus. Meistens flüchtete sie zu unserer Großmutter, blieb einige Tage bei ihr, kam dann, wenn ihr Jähzorn sich gelegt hatte, wieder nach Hause.

Merkwürdig, wo warst du eigentlich in jenen Zeiten, Schwester, wenn ich mit Vater allein blieb, ihm zur Seite stehen mußte, für ihn kochte und ihn bemutterte? Zu Großmutter gingst du nie, sie war für dich zu bäuerlich, du warst immer wie aus dem Ei gepellt, und dein Ursprung war unter deiner Würde. Vermutlich bliebst du so lange bei einer deiner Schulfreundinnen aus gutem Hause, da bald die ganze Stadt um unsere Misere wußte und uns in diesem Orkan gern ein paar Tage beherbergt hätte. Du wußtest dich allen stürmischen Perioden unserer Familie zu entziehen. Schon damals mimtest du die großbürgerliche Dame und schontest dich, mit deinen «armen Nerven» drohend. Ich erholte mich in deiner und Mutters Abwesenheit von deinem Gehabe, das mir schon damals widerwärtig war, und der tagtäglichen Frommtuerei unserer Mutter, die in aller Naivität glaubte, sie sei das Maß aller Reinheit.

Seltsam, daß sich gerade in diesen Jahren unsere materielle Lage besserte. Wahrscheinlich voller Übermut, aber auch, um den aufgestauten Zorn unserer Mutter etwas zu dämmen, kaufte Vater ein Haus mit Garten, nur wenige Straßenzüge weiter, in guter Nachbarschaft. Er verschuldete sich hoffnungslos und geriet damit in einen Teufelskreis. Unserer Mutter ging es dabei blendend, nun konnte sie sich auch in besseren Kreisen zeigen, nach Herzenslust den Garten bebauen, komfortabel wohnen, gar etwas Viehzucht betreiben. Unser altes Haus, das kurz vor dem Verfall stand, mochte niemand kaufen; ohnehin war diese aus einem einzigen Zimmer und einem kleinen Betonhof bestehende Lehmhütte kaum ein Haus zu nennen. Sein einziger Vorteil war, daß es in unmittelbarer Nähe des Basars lag. Im Winter brachten wir kistenweise halb verfaulte Orangen nach Hause, mal für ein paar Taler erstanden, manchmal sogar umsonst.

Als ich vor einigen Jahren, wie jetzt oft nach den Wurzeln meiner Vergangenheit suchend, die Kindheitsgassen durchstöberte, war das kleine Häuschen – sein Schloß mit einem Draht befestigt – wie seit Ewigkeiten verlassen, einsam inmitten der Geschäftsstraßen. Die Nachbarinnen, die mich gar nicht kannten, erzählten, daß einige Jahre lang ein paar Jungen aus benachbarten Dörfern das Haus bewohnt hätten, um in der Stadt die Berufsschule zu besuchen. Vollständig verwahrlost wäre es dann, als die Jungen mit Tauben- und Kaninchenzucht begonnen hätten, um ihr Taschengeld aufzubessern; all dies in einem einzigen Zimmer. Die Frauen erzählten, das Haus gehöre schon seit 25 Jahren zum Sanierungsgebiet, doch es werde wohl auch die nächsten 25 Jahre nichts damit geschehen. Ich stand an der Stelle des Klos, unwillkürlich fiel mir die helle Nacht ein, in der ich aus dem Kot geholt wurde, dann auch noch eine andere helle Nacht, in der wir unseren Vater von Messerstichen getroffen vor der Haustür fanden; lauter solch traurige Ereignisse, die man nicht ungeschehen machen kann. Doch das traurigste war das Haus selbst, wie ein alter, gutmütiger, lebensmüde gewordener Elefant, der auf seinem großen Buckel die Last der Vergangenheit trug, dort lag und in Ruhe gelassen werden wollte, nicht mehr sprechen, still auf den Tod warten. Wie hatte ich dieses Haus geliebt, wie kein anderes Haus, das wir später bewohnten, wie können einem Mauern und Türen, Zimmer und Hof ans Herz wachsen.

In einem Zug trugen wir unsere wenigen Habseligkeiten in das neue Haus und merkten, daß die drei Zimmer, die Riesendiele, die Küche, längst nicht eingerichtet werden konnten. Ein Bad hatte das Haus nicht, dafür war in einem der Zimmer in einem Einbauschrank ein Abfluß hergerichtet worden; es war damals selbst in vornehmen Häusern üblich, sich in solchen Waschnischen das Wasser über den Kopf zu gießen. Ohnehin reinigte sich die Mehrheit der Stadt in öffentlichen Badehäusern, Männer und Frauen getrennt. In jeder Ecke fehlte etwas in unserem neuen Haus, doch an Möbelanschaffungen war in unserer verschuldeten Lage nicht zu denken. So mußte sich Mutter mit dem Vorhandenen zufriedengeben. Später legten sich unsere Eltern nach und nach zusätzliche Betten und einige Kelims zu.

Auch der Schulwechsel war für uns Jüngere ohne großen Schaden verlaufen. Während du, um die siebte Klasse in der einzigen Mittelschule unserer Ortes zu besuchen, nun noch länger zu laufen hattest, war es für uns Jüngere ein Gottesgeschenk, die neue Grundschule gleich um die Ecke zu haben. Sie war richtig familiär. Sie war weniger renommiert als die vorherige, und manchmal machten uns die rauhen Spielregeln der Kinder aus einem Einzugsbereich, der wohl noch ärmer war als wir, einiges zu schaffen. Aber welches Kind ist nicht schon einmal mit einer geplatzten Lippe oder einem blauen Auge heimgekommen?

Es war ein Sommertag, als wir das neue Haus bezogen. So war es eine der ersten Aktionen unserer Mutter, den verwahrlosten Garten wieder zu beleben. Der einzige Baum gab gerade seine honigsüßen, fingergroßen weißen Maulbeeren. In wenigen Tagen würden alle Maulbeeren auf ihm gereift sein, die feinen Stiele den süßen Saft nicht mehr tragen können und so wie jedes reife Obst vom Baum fallen. Während wir Jüngere auf dem Baum waren, schautest du vom Schlafzimmerfenster mit deinen feinen Zügen wie die Tochter des Aga Khan, zogst dann die Vorhänge zu: «Laßt doch die Diener schuften.» Wie die Affen sprangen wir von einem Ast zum anderen, schüttelten sie, und die Maulbeeren fielen, trapp, trapp, trapp, auf das weiße Bettlaken. Ich glaube, dies war eines meiner schönsten Erlebnisse. Alljährlich im August wiederholte es sich, und ich wußte nicht, daß sich für mich mit diesem Garten eine neue Leidenschaft verbinden sollte. Inmitten des riesigen Gartens floß ein schmaler Bach, der von verwachsenen Pfefferminzbüschen völlig verwildert war. Nachdem die Maulbeeren längst in der Sonne getrocknet waren und in kleine Säcke gefüllt an der Küchenwand hingen, sammelten wir Schöße voller Pfefferminzblätter, die wir im Winter dankbar als Tee oder als Suppe verzehren würden. Welch eine wunderbare anspruchslose, lebenspendende Pflanze!

Kindheitserfahrungen unserer Mutter aus dem Dorf machten sich nun bemerkbar. Ich entdeckte eine neue Fähigkeit an ihr, die unübertrefflich war, und lernte sie so in dieser Phase unseres Daseins eine Zeitlang schätzen. Ihre Fähigkeit, mit der Erde umzugehen und diesen völlig verödeten Garten im Winter wie im Sommer zu voller Blüte zu bringen, ihre Kenntnis der Pflanzen und ihrer Eigenschaften verblüfften mich. In diesem Frühherbst pflanzten wir Spinat und Lauch an, schon einige Wochen später durchbohrten die ersten Keimlinge die Erde, welch eine Entdeckung für mich. Wieder einige Wochen später – es lag schon Schnee – wurden die Spinatblätter größer und größer und füllten die riesigen Flächen des Gartens.

«Was machen wir bloß mit soviel Spinat?» klagte unsere Mutter, «die Nachbarschaft hat selbst welchen im Garten und weiß nicht wohin damit, und die Verwandtschaft kann keinen mehr riechen, wenn sie alle Spinatrezepte ausprobiert haben; trocknen kann man das Zeug auch nicht!» – «Ich bringe ihn zum Markt, wenn es sich verkaufen läßt, bringe ich jeden Tag etwas weg, dann sind wir den Berg bald los, Mutter», antwortete ich. Nicht umsonst hatte ich die Geschäftserfahrungen aus der Männergasse gesammelt. Sack für Sack trug ich den Spinat morgens vor der Schule in den Basar, pries inbrünstig frischen, besonders preisgünstigen Spinat an, ich feilschte und verhandelte, kam jeden Tag mit einer Handvoll Geld und mit leerem Sack zurück. Selbst bei Glatteis und Schnee stellte ich mich neben einen Bauern, der eine Handwaage besaß, händereibend, und lockte meine Kunden. Die grünglänzenden Spinatblätter schmückte ich mit roten Radieschen, ebenfalls aus unserem Garten, und wartete lächelnd, mit dem Gefühl: «Ich verhungere schon nicht, soll der Geschichtslehrer Tannenpaß mir doch den Buckel runterrutschen, er ist ja nur neidisch auf mich, wenn ich viel Geld habe, werde ich eine Waage kaufen, eine Waage, und später, viel später, eine kleine Plane, die mich vor Sonne und Wind und Schneesturm schützt, und wenn Vater dann gar nicht mehr auf die Beine kann, ich, ich allein werde die ganze Familie durchbringen!»

Dich, liebe Pinar, betrachtete ich, als könnte jeden Tag plötzlich dein Märchenprinz auftauchen, dich an die Hand nehmen und heiraten. Mit diesem Gedanken kokettiertest du damals. Wer konnte schon wissen, daß die Dinge sich völlig unerwartet entgegen deinen Hoffnungen entwickeln würden. Ich lebte in vollen Zügen und entfaltete ein sensibles, aber starkes Herz. Die Schule war mir lästig, dagegen blühte und gedieh mein Geschäftsleben. Vor der Schule Marktbetrieb, nach der Schule die unendliche Wärme der Bäckerei, gab es je etwas Schöneres?

Die Bäckerei brachte mir zusätzlich Geld ein. In den verkaufsruhigen Stunden brachte nämlich der Konditorlehrling jeden Tag mehrere Bleche Mandelkekse, die ich mit einem langen hölzernen Brotschieber in die restliche Hitze des Backofens schob. Wenn der Muezzin auf das Minarett stieg und die Männer vor den Läden sich fürs Nachmittagsgebet wuschen – vorher brachte ich ihnen die Blechwasserbehälter, die neben dem Backofen warm blieben –, zog ich die duftenden Plätzchen wieder heraus. Mit dieser täglichen Arbeit verdiente ich ein zusätzliches Taschengeld, worauf nicht nur ich, sondern auch Vater stolz war. Schon bald vertraute er mir die Kasse der Bäckerei an, und er machte vor den Nachbarmännern kein Hehl daraus, daß er mich nicht gegen fünf Jungen tauschen würde.

Als ich die fünfjährige Grundschule abschloß, war ich fast zehn Jahre alt, und längst steckte ich voll im Geschäftsleben. Vater schenkte mir eine Armbanduhr, die damals immerhin sein halbes Monatsgehalt kostete. Dadurch, daß der Garten uns Winter wie Sommer miternährte und Vater immer noch, trotz all seiner Leiden, die Bäckerei führte, hatten wir die elendsvollen Jahre hinter uns gelassen. So schien es jedenfalls damals. Die Jüngeren brauchten nun nicht mehr die von älteren Geschwistern getragene, fast zerlumpte, wieder hergerichtete Kleidung zu tragen. Aber es fehlten auch die unbeschreiblichen Freuden von ein paar neuen grünen Plastikschuhen mit goldenen Schnallen, die ich erst mit sieben Jahren bekam, die meine ersten eigenen Schuhe waren. Keine anderen Schuhe mehr habe ich später in meinem Leben so geliebt wie diese. Jeden Abend geputzt, geküßt, mit Gutenachtwünschen unterm Bettkissen versteckt.

Nach dem Einzug in das neue Haus, vermutlich auch wegen der größeren Räume, ging bei allen Gemeinsamkeiten jeder seinen eigenen Weg. Oylum und Asya wuchsen und gediehen, Vater trank und arbeitete, soweit er noch konnte. Du hattest die Schule, Aussteuer und einige Freundinnen in den elitären Häusern unserer Stadt. Mutter schloß sich einer religiösen Frauengruppe an, hatte dazu ihren Garten. Ich schwebte unentschlossen zwischen der Geschäftsgasse und dem Wochenmarkt und der Schule. Eine neue Schule, eine neue Zusammensetzung der Klasse, ein neuer Schulweg, neue Mauern, Fassaden, Pflaster, an denen wir nun täglich vorbei mußten. Der alte Mief und Teergeruch blieb an den Wänden und dem Fußboden der Klassenräume haften. Neue Bücher und für jedes Fach ein anderer Lehrer, ja, und der Sohn von der ersten und einzigen Bankangestellten unserer Stadt, Neriman Hanim. Der Junge mit den pechschwarzen Augen, den buschigen Augenbrauen, der Klassenbeste, der Feine...

Jungen und Mädchen saßen selbstverständlich getrennt, die Schule sorgt mit für den Schutz der Unberührtheit der Frauen. Kein Gespräch, kein Spaß, kein Spiel, nicht nahe kommen, von weitem schmunzeln, flüstern unter Mädchen, niemals laut werden und nicht nahe kommen. Aber mein Herz brannte für den Jungen mit den buschigen Augenbrauen, ich habe es nicht laut ausgesprochen, doch die ganze Klasse wußte es. Wieder war ich aus dem gewohnten moralischen Rahmen gefallen, hatte mich wie ein leichtes Mädchen benommen, vielleicht war ich in den Augen der Jungen unserer Klasse ein besonders leichtes Mädchen, weil ich mich mitten im Unterricht umdrehte und den Jungen mit den buschigen Augenbrauen anstarrte. Ich dichtete Lieder, versuchte sie leidvoll zu komponieren, ich sang mir bitter meinen Liebeskummer vom Herzen, in stillen Ecken. Und ich wollte mir das Leben nehmen wegen ihm, wenn ich ihn nicht zum Lächeln bringen würde; so diktierte es mir mein Ehrgeiz, denn das bringen uns unsere Liebeslieder bei. Schließlich lächelte er, ich lächelte zurück. Wir lächelten uns drei Jahre an. Nicht nahe kommen, um Gottes willen nicht!

Das Herz war durch sein Lächeln leichter geworden, doch das

Singen gab ich nicht auf. Ich sang alles, was mir das Herz bewegte. Asya, unsere Jüngste, sang mit mir, von der Nationalhymne bis zu den neuesten Liebesliedern, und wenn wir zwei Gören nichts mehr im Repertoire hatten, sangen wir eben «Leilahe Illallah», religiöse Lieder, die unsere Mutter von ihren Meditationsstunden mit nach Hause brachte. Das ganze Haus dröhnte. Wenn es nicht mehr zum Aushalten war, jagte Mutter uns im Sommer in den Garten, im Winter zur Strafe in das nicht geheizte Zimmer. Nein, sie fand eigentlich nichts Schlimmes an unserem Gesang. Solange wir auch unseren religiösen Pflichten nachgingen, drückte sie ein Auge zu. Vielleicht war sie innerlich sogar froh, daß ich mit unserer Jüngsten ein Bündnis geschlossen hatte, den Schutzengel für sie spielte und mit ihr sang.

Einmal im Jahr kam der Jahrmarkt in die Stadt, ich spendierte Asya stolz vom selbstverdienten Geld Eislollies und entdeckte mit ihr die Schlangenfrau, die uns nachts Alpträume bescherte. Du wirst lachen, wenn ich dir sage, daß ich noch manchmal von dieser lebendigen Frau in Schlangenhaut träume. Mit langen blonden Haaren und treuen Augen lag sie da. Es gab nichts zu enträtseln, sie war eine Frau mit einem Menschenkopf, und der Rest war eine Schlange. Und ihre Lebensgeschichte war für uns Kinder geradezu hinreißend. Der Mann stand mit einem Megafon vor dem Zelt auf dem Jahrmarkt und schrie ihre Lebensgeschichte in die gleichgültig vorbeischlendernde Menge. Im Dschungel von Kenia hatte die britische Armee sie einsam gefunden, da war sie gerade neugeboren. Im königlichen Zoo in London wurde sie aufgezogen. Da das Wetter in England aber kalt und regnerisch ist und die Schlangenfrau sich nach heimatlicher Sonne sehnte, ging unser Schreihals zu Ihrer Majestät. Eigentlich wollte er ja im Londoner Zoo einen Elefanten für seine Vorführzwecke kaufen, doch dann bat er Ihre Majestät, ihm die entzückende Schlangenfrau zu verkaufen. Ihre Majestät hochpersönlich schenkte sie ihm, da Ihre Majestät es sehr wünschte, daß dieses seltsame Wesen sich unter türkischer Sonne heimisch fühlen möge. Der Mann und die Schlangenfrau, ein tolles Gespann, machten allerdings nicht nur auf uns Kinder großen Eindruck, sondern Gott sei Dank gab es genug kindliche Erwachsene, die sich mit uns begeistern ließen. Dann gingen wir zu den Spiegelwänden und wurden verzaubert, waren groß, waren klein, und siehe da, da waren wir wieder wir selbst. Um Geld zu machen, haben die Wahrsagerinnen selbst uns Kindern aus der Hand gelesen, doch davon hielt ich nichts.

Dann, gegen Abend, verstaubt, verschmutzt, müde von all dem Rummel, machten wir uns auf den Heimweg, unterwegs wuschen wir uns gründlich am Brunnen, kamen dann brav Hand in Hand nach Haus, singend, fröhlich. An der Türschwelle erlosch das Licht der Freude, was würde Mutter wieder sagen? Wir hofften, ihr Verhör umgehen zu können, vielleicht war ja gerade ein Gast oder eine Nachbarin zu Besuch. Später würde Vater heimkommen, so würde unser Vergehen in Vergessenheit geraten.

Und die Angst vor unserem Vater! Wenn ich ein Datum setzen sollte für die Dämonien des Vaters, dann würde ich sagen, der Einzug ins neue Haus ist es gewesen. Danach fing Vater an, nur noch unter Alkoholeinfluß zu leben. Aus Verzweiflung oder Freude, aus Übermut oder Resignation, wer weiß schon, warum er zu trinken anfing, nachts spät heimkam – sein Geschrei dröhnt noch in meinen Ohren. Manchmal legte er sich stillschweigend schlafen, manchmal, und dies wurde immer häufiger, schuf er aus nichts und wieder nichts eine Hölle der Angst und der Tränen. Zitternd klammerten wir uns an die Arme und Beine unserer Mutter, weinend flehten wir unseren Vater an. «Schlag uns nicht, wir haben dir nichts getan!» Oh, mein Gott, wer wird all diese Ungerechtigkeiten einmal heimzahlen? Nicht einmal ich, einst sein Augapfel, konnte ihm mehr Eindruck machen, sein Mitleid erwecken, denn mit Vernunft war bei seinem stockbetrunkenen Zustand nichts zu erreichen. Trotzdem waren ich und später auch Asya diejenigen, die versuchten, ihn abzuhalten, flehend ihn zur Besinnung zu bringen, wir schafften es nie. Er schlug besinnungslos alles kurz und klein, trat und boxte unsere Mutter, die nur noch schrie wie am Spieß, um die Nachbarn aufzuwecken, damit sie zu Hilfe kämen.

Neben uns wohnte eine Polizistenfamilie, überaus freundliche, friedliche Leute. Ich fragte mich schon damals, wie dieser Mann als Polizist noch Mensch geblieben war. Er mied die Konfrontation mit Vater. Wenn Mutter am nächsten Tag mit seiner Frau wieder vom gestrigen Theater sprach und davon, daß sie die ganze Zeit gehofft hatte, der Herr Polizist würde in Uniform an der Tür erscheinen und dann würde alles gut werden, sagte die Polizistenfrau in ihrer gutmütigen thrazischen Mundart, ihr Mann sei in der letzten Nacht im Dienst gewesen.

Auf der anderen Seite grenzte an unsere Mauer ein endloser Obstgarten, dessen Besitzer woanders ihr Haus hatten. Uns gegenüber wohnte eine alte Frau, die mit ihren beiden Töchtern von allen gemieden wurde, weil die drei angeblich überall und ständig nur Unruhe stifteten, keine der Nachbarinnen sprach mit ihnen. Neben ihnen wohnte ein kinderloses Ehepaar, Yakup und Şerife, die sich später als sehr liebevoll und hilfsbereit erwiesen. Onkel Yakup arbeitete in den Wasserwerken und mußte früh raus, so gingen ihre Lichter als erste in unserer Straße aus. Unsere Hilferufe konnten sie also nicht hören, darum schickte unsere Mutter einen von uns, um Onkel Yakup zu benachrichtigen, wenn bei uns wieder die Hölle los war, und nie hat mich Onkel Yakup zurückgeschickt. Eilig zog er sich etwas über und rannte in stockdunkler Nacht zu uns, nahm Vater bei der Hand, ging spazieren, redete auf ihn ein und brachte ihn dann später zurück nach Hause. Nacht für Nacht teilte dieses Ehepaar unsere Sorgen, und tagsüber reichte Tante Şerife uns in allen Sorgen und Nöten ihre Hände. Ob die beiden noch leben? Wie oft haben sie uns Kinder die halbe Nacht gesucht und fanden uns dann unter dem Brennholzhaufen, der mit Schnee bedeckt war, verfroren, ängstlich, schlaflos. Sie brachten uns nach Hause, rieben uns die Hände und Füße, gaben uns heißen Pfefferminztee und legten uns schlafen.

Du wußtest dich damals gut zu schützen. Seit deine Schönheit aufzublühen begann, fandest du es unter deiner Würde, mit uns, den Jüngeren, in einem Raum zu schlafen. Rasch wurde dann eines der Zimmer, das wir als Abstellraum und Rumpelkammer benutzten, auf Hochglanz gebracht, du zogst hinein, kamst dann nur noch zu gemeinsamen Mahlzeiten heraus. Sonst vergrubst du dich in deinen Liebesromanen, Fenster und Türen verriegelt. So stand ich mit Asya oft in den höllischen Nächten vor der verriegelten Tür, um bei dir Zuflucht zu finden, und du warst so erbarmungslos. Nie hast du deine Tür geöffnet, wenn wir in Not waren. Du hieltest dich verborgen, dich haben die Torturen nicht erreicht. Noch wußtest du dich vor den Grausamkeiten des Lebens zu schützen. Du wartetest auf deinen Märchenprinzen; einmal würdest du die Türen deines Elternhauses hinter dir zuschlagen, auf Nimmerwiedersehn, fort sein, nie mehr deinen rotznäsigen Geschwistern ins Gesicht schauen müssen, und alle Welt würde vor Neid erblassen. Ich kann dir heute dieses Gehabe, deine Hoffnungen, Illusionen, aber auch deinen falschen Mut nicht mehr nachtragen, heute weiß ich, daß du nur Opfer warst, ausgeliefert den Verhältnissen, die unser Leben bestimmten. Heute kann ich mir auch Vaters Alkoholsucht und die Wutausbrüche der Mutter annähernd erklären. Aber damals wollten wir wie alle armen und reichen Kinder dieser Welt mit kindlicher Freude spielen, lernen, singen, froh, am Leben zu sein. Wußten wir denn, daß das Singen uns bald vergehen würde? Daß wir verwelken würden, noch bevor wir zur Blüte kamen?

Asya, tote Schwester

Ich weiß nicht mehr, wann wir bemerkten, daß unsere Jüngste nicht mehr sang und nur noch im Flüsterton sprach. Die Nachbarinnen hatten beobachtet, daß Asya schon fast ein halbes Jahr keine Stimme mehr hatte. Sie drängten unsere Mutter, doch etwas zu unternehmen. Aber so eindringlich ihre Warnungen auch waren, unsere Mutter hielt Asyas Schweigen immer noch für eine etwas länger anhaltende Erkältung. Der Zustand hielt weiter an, und das Luftholen fiel dem Kind immer schwerer. Doch erst als Asya Mutter eines Tages anflehte, sie endlich zum hinkenden Doktor zu bringen, dem einzigen Arzt unseres Ortes – dies hatten schließlich auch ihre Lehrer ausdrücklich empfohlen –, wurde unsere Mutter hellhörig. Zum erstenmal trauerte sie ernsthaft um ihren Vater. Wenn er noch am Leben wäre, hätte er, so weinte sie, auf die Knie schlagend, mit seiner gesegneten Spucke, mit Gebeten und Amuletten unsere Schwester geheilt. Da aber der Großvater nicht mehr lebte, ging sie nach sorgfältigem Auskundschaften notgedrungen zum besten Hoca der Stadt. Die Heilmethoden dieser gelehrten Männer waren alle ähnlich, und so kehrten Mutter und Asya am Abend mit mehreren Amuletten zurück.

Alle Hoffnung hing nun an diesen dreckigen Zauberstücken, die dem Kind am Hals, auf den Schultern, auf der Brust befestigt wurden. Außerdem half Mutter mit allerlei Volksmedizin nach, um die Heilung zu beschleunigen. Sie forschte, fragte, untersuchte, sammelte Kräuter und mischte Salben und Getränke, ließ seltene Raritäten wie frischen Fisch und Süßmandelöl von der Südküste kommen. Sie experimentierte mit allem, was man ihr empfahl, besorgte alles aus eigener Kraft. Mit Gebeten und Gepuste wurden dem Kind dann all diese meist übelriechenden Arzneien in den Hals gesteckt. Eigenhändig drehte sie schachtelweise Zigaretten aus getrocknetem Kamelkot und Salbei. «Das Kamel ist das heilige Tier, unser Prophet ist darauf geritten, ziere dich nicht, schluck nun endlich!» Die Hoffnung der Mutter und Asyas Lebenswille, der allerdings immer schwächer wurde, da das Atmen ihr zunehmend schwerer fiel, ließen kaum ein Rezept auf Erden unversucht. Jedesmal waren erst die Neugierde und die Hoffnung groß, als sich aber nichts veränderte, brach alles zusammen. «Natürlich, es kann ja nicht so schnell geheilt werden, alles braucht seine Zeit, wir müssen weitermachen und alles nebeneinander anwenden», meinte Mutter. Jeden Tag kam zu ihren Allheilmitteln etwas Neues hinzu, so daß das arme Kind körperlich und seelisch abzubauen begann und bald nichts mehr annehmen wollte. All diese ekelerregenden Mischungen rochen zehn Meter aus der Ferne, erregten schon beim Ansehen Übelkeit. Seit Monaten hatte sie kein Brot mehr anfassen dürfen, alles was der Mensch normalerweise verzehrte, wurde ihr verboten.

So richteten Aberglaube, Religion und Volksmedizin unsere Schwester binnen einiger Wochen zugrunde. Bald war von dem Lockenkopf, von dem Schulstar mit der einzigartigen Stimme nichts mehr zu erkennen. Resigniert, still und traurig war sie, als bereitete sie sich auf den Abschied vor. Sie ging weiterhin zur Schule, denn körperlich fehlte ihr ja eigentlich nichts, außer der Tortur der heiligen Medizin. Ihr Zustand bedrückte die gesamte Schülerschaft, ihre Klasse, ihre Lehrer, die Verwandtschaft und die Nachbarn. Scharen von Kindern begleiteten sie im Pausenhof, auf dem Schulweg und nach Hause. Sie erzählten ihr Witze, sangen Lieder, erfanden neue Spiele ohne Sprache, um sie zu unterhalten.

In unserem Haus herrschte das Schweigen, und die Hoffnung war in uns allen still, aber noch immer lebendig; Hoffnung, daß diese kleine dunkle Nachtigall wieder anfangen würde zu sprechen, zu singen.

Gab es noch Gott? Warum ließ er, dieser Allmächtige, dieses kleine Wesen so leiden? War er zu feige geworden, um gegen ihre Krankheit etwas zu tun? In jenen stillen Auseinandersetzungen mit mir selbst war mir längst klargeworden, daß es ihn nicht gab. Je mehr Mutter Asyas Heilung durch Gebete und religiöse Opfer zu erreichen versuchte, desto mehr bekam ihr Gott meine Verachtung.

Erst als das Mädchen schon ein Jahr dahinvegetierte, begriff unser Vater, wie ernst ihre Krankheit war. Er hatte ja mit uns fast nichts mehr zu tun. Aufgefallen war ihm schon, daß mit Asya etwas nicht stimmte, doch ihr trauriges, abgemagertes Gesicht sah er nur in der Nacht, wenn er nach Hause kam und sie schon schlief. Als er uns eines Abends wieder stockbetrunken die Hölle bereitete, muß die Kleine noch wach unter der Bettdecke gegrübelt haben. Voller Angst, daß sie nie mehr würde singen können, jagte er uns aus unseren Betten. Mutter betete im Nebenzimmer, du hast schon geschlafen, Schwester. Wir drei Jüngeren lagen zusammen in einem breiten Bodenbett. Ich war entschlossen, diesmal nicht wegzulaufen, nicht zu weinen und zu betteln, ich wollte ihm jetzt ins Gesicht schreien, daß er sich schämen sollte über das, was er Nacht für Nacht veranstaltete. «Schlag uns, wenn du mutig bist, du starker Mann, du schlägst deine wehrlosen Kinder, schäme dich! Asya ist sterbenskrank, wenn du ein Vater wärest, wäre dieses Kind nicht dem Tode nah, wenn du Vater wärest, hättest du sie schon längst zum Arzt gebracht. Du allein bist schuld an ihrer Krankheit, wir wollen keinen Vater wie dich hier haben, geh doch fort, wir brauchen dein Brot nicht mehr. Ich werde die Familie schon durchbringen, morgen werde ich zum Arzt gehen, ihn bitten, Asya umsonst zu behandeln. Laut schreiend werde ich in deiner Geschäftsgasse den Männern verkünden, was für ein Vater du bist. Lieber verhungern wir, als Nacht für Nacht deine Schläge einzustecken. Schlag doch. Los, schlag, damit du auch noch unseren Tod siehst, wir sind doch ohnehin kaum noch am Leben!»

Ich wußte, daß ich bei ihm einiges an Kredit hatte; dennoch hatte ich Angst vor seiner Unberechenbarkeit, Angst davor, daß er wirklich zuschlagen könnte. Ich nahm Asyas Kopf zwischen meine Hände, Oylum versteckte sich hinter mir, wir warteten wie erstarrt. Seine hocherhobene Hand erreichte sein Gesicht, er brach in Tränen aus, er schluchzte wie ein verprügelter Hund, weinte, um Verzeihung bittend. Wir bewegten uns nicht, noch immer in Angst, er könnte uns schlagen. Nein, nichts dergleichen. Er zog sich zurück, legte sich rasch hin, in seinen Kleidern, zog die Decke über den Kopf, und schon schnarchte er.

Am Morgen verließ er das Haus wie immer schon im Morgengrauen. Bevor er ging, öffnete er die Bettdecke an meiner Seite, nüchtern bat er mich, nach dem Frühstück mit Asya zur Bäckerei zu kommen, und deckte mich wieder zu. Eine Welle von Mitleid überkam mich, nun weinte ich um ihn, leise sprach ich mit meinen Tränen. Ich verwünschte unseren Großvater, der ihn als ein Kind von neun Jahren erbarmungslos auf die Straße gesetzt hatte. Ich verwünschte alle, die meinen Vater zu diesem Ungeheuer gemacht hatten. Ich verfluchte die Armut und den Reichtum und den Allmächtigen, der all dies geschaffen hatte. Meine Brust bebte vor Zorn, ich stand auf, suchte meine Schulhefte, kritzelte ein paar Zeilen, ein Gedicht der Ohnmacht. Es half mir, den Vulkan in mir zur Ruhe zu bringen. Mein erstes Gedicht.

Mutter saß schon wieder auf ihrem Gebetsteppich, ihre Lippen flüsterten die guten Wünsche für unsere Schwester. Ich setzte mich dazu, nüchtern, kühn schrieb ich ihr vor, daß sie ihre Frömmigkeit gefälligst überwinden und heute nach dem Frühstück mit Asya zur Bäckerei und dann zum Doktor gehen sollte. «Was soll ich vor den Adleraugen der Männer in der Gasse, bring du sie hin!» Da konnte ich nicht mehr an mich halten, geriet außer mir vor Wut: «Du Rabenmutter, du, ich habe deine Heucheleien satt. Dir geht es doch gar nicht um die Gesundheit der Kleinen, sondern um dein Selbstmitleid. Ja, alle sollen dich bemitleiden, weil du selbst leidest, weil du ein krankes Kind hast. Verlogen bist du, heulst vor fremden Leuten, klagst über dein trauriges Schicksal. Du arme, hilfslose Frau! Wehe wenn du nicht zum Arzt gehst, suche nicht nach Ausreden.

Bloßstellen werde ich dich vor deinen frommen Frauen, über deinen Gott werde ich lästern, daß du ein Mauseloch suchen wirst, um zu verschwinden. Und du wirst dich meinetwegen schämen. Auf der Stelle werfe ich alle deine Salben und Säfte ins Klo. Ich bringe unsere Gazelle, unser Perlhuhn schon zum Arzt, dich brauchen wir nicht, bleib ruhig auf deinem Teppich sitzen, bete für deinen Himmel. Ich sorge schon für meine Schwester, und wehe, du machst noch einmal unter fremden Leuten dein verfluchtes Maul über Asya auf. Wage nicht noch einmal, Mitleid zu erwecken, ich warne dich, laß es nicht darauf ankommen!»

Wenn sie mich geschlagen hätte, ich hätte zurückgeschlagen, ja, das hätte ich getan. Vielleicht besann sie sich plötzlich auf das Korangebot «Schlagt eure Kinder nicht!» Sie blieb auf ihrem Gebetsteppich sitzen, ich war sicher, daß das Gebet auf ihren Lippen zum Fluch über mich wurde. Ich setzte den Tee auf, zog die Kleine an. Ihre zerbrechlichen Beine waren nur noch Haut und Knochen, doch Mut blitzte in ihren Augen auf, als wolle sie sagen, sie habe keine Angst vor den Messern und Spritzen des Arztes, als sei sie auf alles gefaßt. Zum erstenmal seit langem strahlte sie wieder wie in jenen Tagen, als sie unbekümmert sang und hüpfte. Nach dem Frühstück verließen wir Hand in Hand das Haus, ohne darauf zu achten, ob Mutter mit wollte oder nicht. Doch dann knallte die Tür hinter uns, es war Mutter. «Wartet auf mich!» rief sie schuldbewußt. Ohne ein Wort zu wechseln erreichten wir die Bäckerei.

Vater ging voran, und wir drei folgten ihm zur Praxis des humpelnden Doktors. Der Wartesaal war überfüllt von Kindern, Frauen und Männern, Bauern und Bäuerinnen in ihren Trachten, ihre Körbe voll mit Eiern, Obst und Nüssen, getrockneten Weintrauben und was noch alles für den Arzt, als Bezahlung oder als Bestechung oder eben als Geschenk. Mutter schwieg während der Untersuchung, Vater kannte den Werdegang der Krankheit nicht, außerdem war ich die einzige von uns, die etwas Tinte geleckt hatte. So fing ich an, bis ins kleinste Detail Asyas Schweigen, Mutters Heilmittel und -methoden und die zunehmende Schwächung des Kindes zu beschreiben. Meine Meinung behielt ich jedoch für mich.

Der Arzt untersuchte gründlich die Stimmbänder, er hörte auf den Klang von Asyas Stimme und stellte schließlich fest, daß eine Operation dringend notwendig sei. «Am besten in Istanbul. Es muß sehr rasch geschehen, wir dürfen keine Zeit verlieren. Wenn Sie soweit sind, kommen Sie noch einmal, ich werde Ihnen die Adresse des Krankenhauses aufschreiben. Bei dem italienischen Arzt Vakacelli habe ich meine Assistenz gemacht, er ist ein weltberühmter Mann, ein Genie. Sie werden ihm einen Brief von mir überreichen, es ist alles halb so schlimm. Sie können gehen, überlegen Sie nicht zu lange, fahren Sie so schnell wie möglich...»

Asya lag erschöpft auf der Pritsche, ihre kraftlosen Arme baumelten hinunter, ich zog sie an, half ihr auf die Beine, und wir machten uns auf den Heimweg. Ich weiß nicht, was der Arzt unseren Eltern noch alles erzählte, um die akute Lage in ihre Köpfe einzuhämmern. Als Mutter nach Hause kam, stand jedenfalls das eine fest, die lange Fahrt nach Istanbul. Ich vermag nicht zu sagen, ob die Vorfreude unserer Mutter auf diese Fahrt in die heilige Stadt mehr mit ihrer Religion zu tun hatte oder mit der konkreten Hoffnung auf die Heilung der Kleinen; möglicherweise war es beides. Auf jeden Fall sollte diese Reise für ihr religiöses Leben eine entscheidende Rolle spielen.

Die langen Wintermonate waren fast vorbei, die ersten Küken zerbrachen ihre Schalen, wegen der häufigen Überfälle der Füchse im vergangenen Winter hausten sie nun in Wolldecken in einem unserer Zimmer. Die Erde und der Bach stießen langsam die Eisschicht ab. Nicht mehr lange, und die Erde würde zu dampfen beginnen, es war an der Zeit, den winterlichen Trübsinn von sich zu werfen. In anderen Jahren ging unsere Mutter um diese Zeit hinaus in den Hof, führte die Küken zum ersten Spaziergang in den Garten, suchte ihre Gartengeräte zusammen und machte sich an die Arbeit. Ich lief dann zum Gewürzladen, stellte allerlei Samen und Zwiebeln zusammen und feilschte auf dem Wochenmarkt nach Herzenslust über den Preis der Setzpflanzen, Sprossen und Schößlinge. Freudig teilten Mutter und ich die Beete ein, streuten die Samen, setzten Zwiebeln, und als Krönung tauschte ich bei den Zwillingen des Polizisten einen Kasten voll Taubenkot gegen zehn Eier ein. Dann stand der eine etwas dick und reichlich weich geratene Junge, der mich mit brennendem Herzen verehrte, auf der Taubentreppe, um mich vor einem Taubenüberfall zu schützen, oder er half mir voller Eifer, den Taubenkot zu sammeln.

Nein, in diesem Frühling war an all das nicht zu denken. Dieses Jahr würde alles brachliegen müssen. Im letzten Frühjahr hatte Asyas Krankheit begonnen, da glaubten wir noch, daß es die Folge einer Erkältung sei. Wie konnten wir ahnen, wie schlimm es um die Kleine stand. Unsere Mutter stand am Fenster, blickte stundenlang regungslos und stumm in den Garten, zählte uns immer wieder auf, was alles noch getan werden mußte, und beauftragte mich, doch endlich zum Gewürzladen zu laufen. «Jeder vergangene Tag ist ein Verlust, beeil dich!» Und doch zeigte sie ihre Arme und Beine, die nicht mehr wollten, nur kraftlos, regungslos herunterhingen. «Wie soll ich mit diesen Beinen nach Istanbul fahren, in die große, fremde Stadt, wenn wir verlorengehen, wenn uns etwas zustößt, eine Frau und ein Kind...»

Vater hatte nicht frei bekommen. Der Besitzer der Bäckerei war zur Kur gefahren. «Ich kann den Laden nicht dichtmachen, ist ja nicht mein eigener, raff deine Kräfte zusammen, sei einmal im Leben eine Stütze für mich, sei einmal nützlich in deinem Leben. Morgen in aller Frühe fährt der Bus nach Istanbul, ich habe den Fahrer gebeten, unterwegs auf euch achtzugeben. Außerdem fahren die Demircis mit demselben Bus zur Hochzeit ihres Sohnes, sie werden dir helfen, das Haus meines Vetters zu finden. Nimm nicht zuviel Gepäck mit, bis heute abend besorge ich das Geld, dann könnt ihr fahren!» Asya zog sich immer mehr in einsame Ecken zurück, sie war stumm, weinte vor sich hin, hätte sie sprechen können, hätte sie unsere Eltern gebeten, sich ihretwegen nicht zu streiten, sie besser dem Tod zu überlassen, keine Schulden zu machen, keine Fahrt nach Istanbul, keine Ängste, keinen Streit! Mutter nickte immer wieder auf ihrem Gebetsteppich ein, obgleich sie sich vorgenommen hatte, die Nacht durchzubeten, zu beten für die Fahrt, für das, was in dieser fremden, unheimlichen Stadt auf sie zukommen würde, von der sie nichts wußte, außer das in Istanbul einige Jahrhunderte lang das Kalifat über die gesamte islamische Welt geherrscht hatte. Sie wußte von den unzähligen Moscheen und daß sie dort das erste Mal das Meer sehen würde.

Auch Asya und ich lagen die halbe Nacht dicht umschlungen unter der Bettdecke. Jetzt möchte ich in jene Nacht zurückversetzt werden, jetzt wäre ich in der Lage, meine Wut, meinen Zorn hinauszuschreien. Ich streichelte ihre Haare, «es wird alles gut, Kleines, glaub mir, diese Ärzte in Istanbul sollen selbst die Toten wieder lebendig machen. Dir fehlt doch nichts weiter als deine Stimme, hat der Doktor nicht selbst gesagt, es sei halb so schlimm? Na siehst du, wir werden wieder singen! Aus allen Fenstern werden unsere Lieder schallen, und wenn du zurück bist, mußt du mir erzählen, was du dort in dieser riesigen, wunderschönen Stadt gesehen hast.» Ich merkte an ihrem Schnarchen, daß sie schlief. Es war so beängstigend laut, als käme es nicht von dieser winzigen Gestalt.

Mutter hatte mich, unseren Bruder und das Haus dir anvertraut, da du ja nun die Älteste und somit für eine ungewisse Zeit die Herrin im Hause warst. Auf unseren Vater konnte sie nicht bauen, denn sein haltloser Lebenswandel in den letzten Jahren hatte uns alle überzeugt, daß er sein eigenes Leben führte. Morgens in aller Herrgottsfrühe verließ er das Haus, kam dann nach Mitternacht zurück, auf allen vieren kriechend, stockbetrunken. Ob das Haus brannte oder ob wir vor Hunger und Krankheit krepierten, es kümmerte ihn nicht. Verständlich, daß Mutter dich vollkommen überschätzte. Sie konnte nicht sehen, daß dir jegliches Verantwortungsbewußtsein fehlte, daß es dir schlicht und einfach an Gefühlen mangelte. Oylum und ich hatten eine Zeit vor uns, deren verheerende Folgen wir nicht ahnen konnten. Dennoch war mir bewußt, daß auf uns, vor allem aber auf mich, eine grauenhafte Zeit zukommen würde. Ich wußte sehr wohl, daß ich keine ältere, liebevolle, fürsorgliche Schwester vor mir hatte, sondern... Vielleicht tut es auch dir gut, wenn ich dir ins Gedächtnis rufe, wie du mich gequält hast während der Abwesenheit unserer Mutter. Mein geringes Alter und meine körperliche Schwäche kamen dir entgegen; dir mit deiner Sucht, deiner Leidenschaft und deinem Ehrgeiz, deine Mitmenschen zu zerstören. Immer wieder habe ich später darüber nachgedacht. Wie war das alles möglich, woher kam dieser Zerstörungsdrang?

Es dauerte nicht lange, und unser Haus verwandelte sich in einen Müllhaufen mit einer Armee von Ratten. Oylum trieb sich den ganzen Tag herum, ich dagegen suchte nach der Schule zu Hause Zuflucht, in meinem Kloster, dort, wo ich für meine ersten weltbewegenden Fragen die Antwort suchen und nichts als in Ruhe gelassen werden wollte. Nach der Schule machte ich mir schnell etwas zu essen, spülte sorgfältig das Geschirr ab, zog mich in aller Stille in das Frontzimmer mit den Fenstern auf die Straße zurück. Stundenlang hielt ich Gespräche über Gott und die Welt mit Asyas rosafarbenem Plastikpüppchen. Notdürftig kritzelte ich die Hausaufgaben und tauchte wieder ein in meine Gedanken, in tiefste Träume, bis die Kammertür aufsprang und du erschienst. «Steh auf, du faules Miststück!» schriest du wütend und zähltest auf, was im Hause noch alles zu tun war. Während ich die Arbeiten verrichtete, standest du neben mir wie ein Despot. Unter tausend Schimpfwörtern und Tränen verfluchte ich dich und die Mutter, die dich geboren hatte, während meine Hände die Töpfe mit Asche auf Hochglanz brachten. Wenn du müde wurdest, meiner Arbeit zuzusehen, dann gabst du mir noch mehr zu tun und zogst dich in dein Zimmer zurück, vergrubst dich in deiner Welt der Fotoromane.

In dieser Zeit erst lernte ich unsere Mutter schätzen, wenn auch widerwillig. Ich wußte auch, daß dieser Zustand nicht lange dauern konnte. Sobald die Mutter mit unserer Kleinen zurück wäre, würde ich dir alles, was ich gelitten habe, Träne für Träne, heimzahlen. Mochte es mir auch niemand zutrauen, ich wußte, was ich vorhatte. In jedem Schluchzen war ein leises Gebet versteckt: «Himmel, Erde oder wer du auch sein mögest, der uns schuf, tu alles, um das kleine Mädchen zu heilen, gib ihr die Stimme zurück. Du, mit deiner Macht, schufst die Berge, in deiner Liebe und in deinem Zorn verwandelst du sie in Vulkane, jagtest den Menschen Angst ein, indem du den Tod erfandest. Wenn du allmächtig bist, dann zeige deine Macht, laß ein Wunder geschehen. O Herrgott, wer du auch sein magst, hilf mir! Sie ist doch noch so klein wie ein Fingerhut, was hast du von all der Qual, die du uns zufügst, was, was verlierst du, wenn sie wieder gesund wird, kein Haus und keinen Hof, nichts, keine Feder von deiner Schönheit. O Gott, hilf uns!»

«Ich schwöre, meine Lehrerin, ich habe mit meinen eigenen Augen gesehen, wie sie die Läuse heimlich zwischen ihren Fingern zerrieb. Jeden Tag. Bei mir juckt's auch schon seit einiger Zeit, und meine Mutter hat gesagt, wenn Sie nichts dagegen unternehmen, wird sie mich nicht mehr zur Schule schicken.»

«Los, pack deine Sachen zusammen», sagte die Lehrerin, «eine Woche lang darfst du die Schule nicht betreten, komm erst wieder hierher, wenn du wieder rein bist.» Wie eine Pestkranke isoliert, setzte ich mich in den nächsten Stunden an ein Pult, allein, die ganze Klasse flüsterte, tuschelte widerwärtig, hier und da warf der eine oder andere Schüler einen heimlichen Blick auf mich. Ansonsten geschah nichts, der Unterricht wurde normal abgehalten, die Schüler taten so, als existiere ich nicht, als hätte es mich nie gegeben. Doch in mir brodelte ein Vulkan, bereit, jeden Augenblick zu explodieren. Ausgestoßen hatte man mich, verbannt, ich erstickte bald an meinen Tränen, bald in tiefstem Schluchzen. Ich, der Liebling der Klasse, ich, Nachtigall der Lehrerin, ich, die einmalig schöne Gedichte reimen konnte, ich, die nie zu spät kam und immer freiwillig die Tafel putzte, ich, die einmal auch Klassensprecherin war, ich, die der Lehrerin sogar einmal meinen Kamm geliehen hatte. «Niemand versteht mich, niemand versteht mich, niemand, nie...» Ich schlug meinen Kopf an die Wände, meine Fäuste wurden eiskalt. Blut rann aus meiner Nase, schwarz war es vor meinen Augen, die Glühbirne, sie brannte grell über meinem Kopf, als ich wieder erwachte.

«Schäm dich», schimpfte Tante Şerife, «schäm dich und vergrab dich in die Erde. Wo warst du, als es soweit kam, so was nennt man

Schwester, und ich dachte, dir könnte ich trauen. Eine Schande ist es, deiner Mutter bricht das Herz, wenn sie es hört, los, steh nicht rum, mach einen Kessel Wasser heiß. Hier die Seife, wasch sie gründlich, die Kleider müssen ausgekocht werden, die Bettwäsche auch, nachher komme ich und sehe mir alles an. Wage ja nicht, mich zu täuschen, ich bin nicht deine Mutter!»

Weich und klein warst du geworden vor ihr, zärtlich und liebevoll nahmst du mich beiseite und versprachst ihr, ihre Befehle zu befolgen. Sie war zu hart für deine Zähne, nur die Kleineren konntest du einschüchtern. Nach meinem Zusammenbruch in der Schule brachte die Klassenlehrerin mich heim, es war niemand zu Hause, Tante Şerife ging gerade aus dem Haus und sah meinen Zustand. Die Lehrerin erzählte ihr, was vorgefallen war, ich lag einige Zeit bei ihr, dann kamst du. Sobald das Wasser heiß war, ging das Höllentheater von vorne los. «Zieh dich aus, du Miststück, jetzt sollst du wissen, wer ich bin!» Ich setzte mich auf einen Holzhocker hinter der Eingangstür auf den Betonboden. Vor Angst und Kälte zitternd, nackt saß ich da und war dir völlig ausgeliefert. Kelle für Kelle floß das heiße Wasser über meinen Kopf, fluchend schlugst du die steinharte Kernseife auf meine Haut, zerkratztest meinen Kopf mit deinen Krallen. Und schon die Läuse hatten doch meine Kopfhaut zu Wunden zerfressen. «Wehe, du trägst ein Wort nach draußen, du wirst es bereuen!» Ich schluchzte. Vater, o Vater, wo warst du all diese Zeit, wie konntest du zulassen, daß aus deinem Fleisch und Blut solch eine Bestie wurde? Wie bloß?

Auch jene Zeiten vergingen. Einige Wochen später standen sie vor der Haustür. «Mädchen, wo seid ihr, ich bin's, Mutter, Asya und eure Mutter, wir sind zurück! ...» – «Gott, du hast meine Gebete erhört, meine Kleine, mein Liebling, du bist wieder da!» – «Warum weinst du, Schwester, schau, ich habe meine Stimme wieder!» – «Singen werden wir wieder, wir zwei, dem Feinde zum Trotz werden unsere Stimmen durch die Welt hallen, willkommen, Liebling!» Und sie konnte nicht aufhören zu erzählen. Ihre schmerzvolle Operation, die Wochen danach, das Warten auf die eigene Stimme in schlaflosen Nächten, die hellwachen Träume von schönen Tagen, das alles hatte sie vergessen. Die Eindrücke von der weiten Reise, der italienische Arzt, der sich in sie verliebt hatte, mit Medizin und Bonbons überschüttete, das blaue Meer, dessen Wasser sie berührt hatte, und die entfernte Tante, die sie und unsere Mutter liebevoll aufgenommen und für sie gebetet hatte, das alles erzählte sie und hätte es noch lange Zeit erzählt, wenn Gott ihr ein langes Leben geschenkt hätte.

Nur knapp ein halbes Jahr dauerte das mit Mißtrauen gemischte Glück, und wir alle standen wieder da, als ob der Wind diese wenigen glücklichen Monate verweht hätte. Asyas Gesicht befielen dunkle Schatten, ihre Stimme wurde von Tag zu Tag heiserer, Mutter fing an, sich wieder in stille Ecken zurückzuziehen. Wenn sie wiederkam, sah man ihre Verzweiflung an ihren blutunterlaufenen Augen. Ja, Augen... sie sagten alles aus, den Schmerz, die Trauer, auch die Freude. Daher wagte in jenen Tagen keiner von uns, dem anderen in die Augen zu sehen, wenn die Mutter und wir bei den Mahlzeiten in der Runde versammelt waren. Die Polypen an Asyas Stimmbändern waren wieder gewachsen.

«Es gibt zwei Arten von ‹Papillons›», hatte der Arzt in Istanbul gesagt, «die einen sind weiblich und bösartig, die anderen männlich und gutartig. Im Augenblick kann ich nicht sagen, zu welcher Sorte diese gehören, wir müssen erst den Befund abwarten. Sie hören dann von mir. Die weiblichen wachsen immer wieder nach, wuchern geradezu und sind lebensgefährlich. Sollte sich in ein paar Monaten die Gefahr wieder zeigen, kommen Sie schnell wieder, warten Sie nicht lange. Ich will dann sehen, was sich sonst noch machen läßt.» Mutter muß das alles gewußt haben, so daß sie hoffte, betete, daß diese gottverdammten Schmetterlinge an Asyas Stimmbändern nicht weiblich wären. Doch es kam, wie sie gefürchtet hatte. Und eine weitere Reise nach Istanbul konnten wir nicht bezahlen.

In unserer kleinen Stadt wagten sich die Ärzte an eine solch schwierige Operation nicht heran, sie behaupteten, daß sie nicht einmal die nötigen Geräte dazu hätten, und verwiesen alles, außer Mandeloperationen, in die nächste Großstadt. Bei besonders heiklen Sachen mußte man eben den weiten Weg machen. Inzwischen hatte unser Doktor Hinkebein herausbekommen, daß auch in der Hauptstadt Ankara, in staatlichen Krankenhäusern, Operationen an Stimmbändern möglich waren. «Sie brauchen nicht allzu weit zu fahren, außerdem kosten die Eingriffe in staatlichen Krankenhäusern nicht soviel Geld. Sie werden sehen, nach der zweiten Operation wird nicht ein bißchen übrigbleiben, nun gute Reise!»

Er gab uns seine Visitenkarte mit einem Gruß auf der Rückseite und schrieb die Adresse eines seiner Kollegen darauf, mit der Bitte, alles Mögliche für Mutter zu tun.

Draußen strömte der Regen auf die Steppe, ein gutes Omen für die Reise. Ich saß im Bus noch ein paar Minuten neben ihnen, ich wollte bei Asya sein in den letzten Augenblicken, bevor wir wieder für Monate getrennt sein würden. Der Bus füllte sich, Frauen, Kinder, Männer, Kranke, Gesunde, Bauern und feine Geschäftsleute. Es stank nach schwerem Kölnisch Wasser und Kotze. Der Bus nahm mir meine Schwester. «Du wirst sehen, du wirst wieder gesund, glaub mir, ich habe gehört, die Ärzte in Ankara sollen sogar besser sein als die in Istanbul, weil da ja der Präsident lebt und viele...» Ich konnte es nicht über die Lippen bringen, die Hoffnungen, die Hoffnungen, die wir schon einmal hatten und wieder vergruben, all die Träume von schöneren Tagen. Nein. Der Bus nahm mir meine Schwester. Noch zweimal innerhalb von einem Jahr. Nachdem der Bus in Staubwolken verschwunden war, kehrte ich allein zurück nach Hause, durch den Friedhof umherirrend.

Auch nach der zweiten und dritten Operation wurde sie wieder gesund, ihr Lachen kehrte zurück, sie sang auch wieder, doch eher murmelnd als singend. Resigniert war sie, ihr Leben hatte sie aufgegeben. Völlig gesund werden würde sie nie mehr, damit hatte sie sich abgefunden, aber auch den Tod zog sie wohl nie richtig in Erwägung. Die Zeitabstände zwischen den Operationen wurden immer kürzer, die Schmetterlinge wuchsen und gediehen an ihrem winzigen Hals, verstopften die Atemwege. «Wenn das Atmen mir etwas leichter fiele, würde ich sogar mit den Schmetterlingen leben können, wenn ich bloß etwas besser Luft bekäme!» klagte sie. Der Schmerz hatte sie um Jahre älter gemacht. Ihre Lippen waren ständig trocken, literweise Wasser und Tee täglich waren ihr einziger Luxus, seit langem faßte sie sonst nichts Eßbares mehr an.

«Nur ein einziges Kügelchen, Schwester, bitte», sagte sie, wenn wir an dem Eisladen vorbeigingen. Ich hielt das Flehen in ihren Augen nicht aus, spendierte ihr ein winziges, winziges Kügelchen Eis. «Leck es ganz langsam, laß es auf deiner Zunge richtig schmelzen!» Und niemand durfte es wissen. Mutter war felsenfest davon überzeugt, daß die Kleine einmal Eis gegessen haben mußte, als sie naß geschwitzt war; und darin sah sie die Ursache der Krankheit, obwohl sich niemand an solch einen Fall erinnern konnte. Eis war verflucht. Früher in guten Zeiten nahm Vater uns ab und zu mit zum Eisladen, vor dem hinteren Eingang stellte der Wirt einen dreibeinigen runden Tisch und sechs Hocker auf. Eine Schüssel voll Milcheis, vielleicht zwei Kilo schwer, verschlangen wir im Nu, vier Kinder und zwei Erwachsene, und wir waren selig. Kein anderer Vater in unserer Stadt tat so etwas, dachten wir. Und wir liebten unseren Vater für diesen Augenblick. Stolz ging er vor uns her, stolz auf seine vier Kinder, eines hübscher als das andere, eines fleißiger als das andere.

Ich weiß nicht, warum mein Weg mich nach dem Abschied von meiner Schwester und meiner Mutter auf den Friedhof führte. Auf diesem dürren Friedhof gab es zwar Bäume, aber die Bäume hatten keine Blätter, kein Vogel verirrte sich hierher, ein gottverlassener Platz, nur Steine und Gräber... Da lagen sie nebeneinander, Kopf an Kopf, Familien neben Fremden, die einander im Leben möglicherweise nie gesehen hatten. Einige von ihnen waren vielleicht verfeindet gewesen, als sie noch lebten, da lagen sie nun, Brust an Brust, ihre Knochen vermischt in der gemeinsamen Erde, und sie füllten die Gräber. Kindergräber waren da, klein, winzig klein. Wie schäbig, grausam mußte der Gott sein, der diesen winzigen Lebewesen kein Leben gönnte und sich dennoch unser Schöpfer nannte. Kinder, gar Säuglinge, gar im Mutterleib gestorben, füllten die Erde an diesem einsamen Platz.

Ich dachte an das Zigeunermädchen, ich dachte an meine Schwester, ich dachte an Muhsine Nine und unsere Kusine; mit neunzehn, ihren Mann abgöttisch liebend, schwanger mit ihrem ersten Kind. Man hatte sie an Händen und Füßen an die eisernen Stangen des Wochenbetts gefesselt. «Ihre Wehen waren zu stark. Damit das Kind im Mutterleib keinen Schaden nimmt, mußte sie festgebunden werden, wir haben unser Bestes getan», sagte der Arzt in der Klinik im Totenbericht. Ihr Kind, ein strammer Junge, lebte und wuchs in den Händen der Stiefmutter, ihrer eigenen Schwester, die so häßlich und fett und dumm war, langweilig obendrein, daß niemand sie zur Frau nehmen wollte. Der Mann der toten Mutter aber, er nahm die Schwester seiner geliebten Gazelle zur Frau, zeugte noch vier andere Söhne, pilgerte nach Mekka, wurde reich, und ich hörte die Klagen unserer verstorbenen Kusine aus der tiefen Erde noch lange Jahre. Als hätte sie es geahnt, hatte sie zu ihren Lebzeiten diesen Mann gefragt, was er täte, wenn ihr etwas zustieße. «Wie kannst du es wagen, solche unglücksbringenden Worte in den Mund zu nehmen», hatte er entgegnet, «wie kannst du selbst nur einen Augenblick daran denken, daß ich je wieder ein weibliches Wesen berühren würde!» Und er nahm die leibliche Schwester seiner geliebten Frau. Wenn die Zeit kommt, werden die heiligsten Versprechungen hohl. Rechtfertigungen findet man immer. Gräber, der Übersatten und der an Hunger Gestorbenen.

«Macht auf, holt mich herein, ich habe keine Kraft mehr in den Knien, macht auf, Feuer soll dieses Haus wegfegen, Sturm soll dein Dach in die Luft jagen, verbrennt mich mit ihm, macht auf, holt mich herein, sie haben mir mein Lämmchen genommen! ...» Sie brach vor der Haustür zusammen. Es war knapp eine Woche, nachdem Mutter und Asya zum viertenmal weggefahren waren. Wir hatten uns gedacht, wieder, zum viertenmal, ohne die beiden, wieder einige Wochen in diesem stillen Haus, warten, hoffen, dann würden sie wiederkommen. Die letzte Abfahrt war voller Hoffnungen. Man sagte, daß die Ärzte in der Stadt eine neue Methode gefunden hätten. Es gab da eine Frau in unserer Stadt, die dieselbe Krankheit wie unsere Schwester hatte. Mutter hatte diese Frau aufgesucht, mit ihr gesprochen, doch sie war erschrocken über ihren Zustand zurückgekommen. Nach der zweiten Operation hatten die Ärzte an ihrem Hals eine Öffnung nach außen gemacht, an der Stelle ein Plastikrohr eingesetzt, um die Erstickungsgefahr zu bannen. «Aber Spucke und Seiber kommen aus ihrem Hals, aus ihrer Röhre, es ist ein erbärmlicher Anblick. Ihre Stimme ist immer noch heiser, ein einziges Röcheln. Nein, Gott bewahre uns vor diesem Ende, hoffentlich brauchen wir all dies nicht zu erleben, und es heilt rechtzeitig von selbst. Außerdem soll es noch eine andere Möglichkeit geben, sie verbrennen die Stimmbänder mit Elektroschock, damit die Polypen gar nicht wieder wachsen können.» Und die stille Hoffnung... ständig, uns alle begleitend, aß mit uns, schlief mit uns, gab uns nie auf.

Als die beiden auf die letzte Reise gingen, hatten wir bereits alles verspielt, außer Hoffnungen gab es keinen Ast mehr, an dem wir uns hätten festhalten können. Vater trug die letzten Teppiche aus dem Haus, verkaufte sie zu einem lächerlichen Preis. Auf dem Haus lastete bereits eine Hypothek, und was Vater an seinen nüchternen Tagen verdiente, konnte gerade unsere Mäuler stopfen. Der Garten verödete, die Hühner starben nacheinander oder wurden von den Füchsen gefressen. Ich ging schon lange nicht mehr in Vaters Gasse. Die Nachbarinnen litten mit uns, ein seltsames Etwas namens Schicksal, namens höhere Gewalt ließ uns zappeln, keiner hatte die Macht, es zum Guten zu wenden. Warten und Leiden, Leiden und Warten. Wir warteten, wir litten, und Asya hatte niemandem auf der Erde etwas Böses angetan. Warum dann das alles? Warum gerade sie?

Ja, Asyas Tod verwandelte uns alle. Wir gingen getrennte Wege. Wäre sie noch am Leben geblieben, ich wäre heute anders. Du auch! Auch unser Bruder! Der Zerfall unserer Familie setzte in dem Augenblick ein, als sie im Hause unseres neureichen Onkels in der Provinzstadt und seiner Etepetete-Frau ihren letzten Atemzug tat. «Wenn wir in der Provinzhauptstadt umsteigen müssen», sagte unsere Mutter, «dann können wir auch deinen Onkel Ali besuchen, der ist der netteste von all den Schwagern und Schwägerinnen. Mich hat er schon immer gemocht, ich habe früher sogar einige Male seine Unterwäsche gewaschen. Mag er auch reich geworden sein, mich wird er nicht von der Tür weisen. Vielleicht leiht er uns auch ein paar hundert Lira. Er hat schon immer ein gutes Herz gehabt, sein Reichtum kann ihn nicht so verwandelt haben, außerdem wollen wir ja nur eine Nacht bleiben. Wer um etwas bittet, hat ein beflecktes Gesicht, wer es nicht hergibt, hat zwei davon», tröstete sich Mutter. Sie wurden schon «nett» aufgenommen. Sie aßen am Tisch, schliefen in höheren Betten, man bemitleidete unsere Mutter: «Noch ist nicht alles zu spät, fahrt ruhig morgen früh.» Der Onkel steckte von sich aus drei Scheine in Mutters Manteltasche: «Sie wird wieder gesund, die Ärzte in der Hauptstadt...»

Mutter und Schwester legten sich schlafen. Am nächsten Morgen sollte die Reise fortgesetzt werden. «Irgendwie wirkte sie fröhlich», sagte Mutter im nachhinein. «Sie bewunderte all die glitzernden Gegenstände, die neuen Sachen, Samt, Kristall, Marmor, Porzellan, betastete ängstlich vieles, spielte mit den Kindern eures Onkels, aß auch zum erstenmal seit Wochen gut. Ich deckte sie zu. Kaum daß ihr Kopf das Kissen berührte, schlief sie ein. Das Atmen machte ihr zu schaffen, wir hatten über ihr Kissen ein in Pfefferminz gekochtes Handtuch gehängt, damit sie etwas leichter atmete. Dennoch schnarchte sie so erbärmlich, daß man Angst bekam, ihre Lungen und Bronchien würden jeden Augenblick auseinanderplatzen. Ich steckte meinen Kopf unter die Decke, um wenigstens ein paar Stunden schlafen zu können, ich muß vor Müdigkeit auch schnell eingenickt sein. Ich weiß nicht, wann es genau war, in der tiefsten Nacht, im tiefsten Schlummer riß mir jemand die Decke vom Leib, riß an meiner Brust, zog an den Haaren, verzweifelt! Erschrocken sprang ich aus dem Bett, ich sah sie: Ihre Augen aufgerissen, ihr Mund schäumend, ringend um Atem, um ihr Leben kämpfend, der Ausschnitt ihres Nachthemds war zerrissen, der Schlüpfer heruntergezogen, ihre Arme weit ausgebreitet, stimmlos schrie sie nach Hilfe. Hilfe! ‹Hilfe›, schrie ich, aus dem Nebenzimmer kamen sie, Ali und seine feine Frau, in Seide gehüllt. ‹Bitte seid leise, meine Kinder werden wach›, flüsterte die Schwägerin. ‹Hilf, Ali, hilf, tu was du kannst, mein Kind geht!› ‹Liebling, was brauchst du? Sag doch, sag doch etwas!› Wie lange hatte sie in der Finsternis wohl um ihr Leben ringen müssen, sich gescheut, mich aufzuwekken, wer hatte diesem winzigen Wesen soviel Leid zugefügt? Was wollte sie mir sagen? – ‹Rette mich, hilf, hilf, ich will leben, ich habe niemandem Schmerz zugefügt, ich will nicht, ich will nicht, ich bin noch nicht einmal zehn! ...›»

Am nächsten Morgen müssen sie unseren Vater telefonisch benachrichtigt haben, einige Stunden später kam er, stockbetrunken. Er warf sich auf das Grab, brüllte vor Schmerz, verfluchte Gott und wollte mit seinem Kind begraben werden. Dies war die Stadt, in der er vor über fünfzig Jahren geboren worden war, die er gehaßt hatte wie die Pest, der er 25 Jahre seinen Rücken gekehrt hatte. «Nie hast du mir eine Scheibe Brot gegönnt, du verdammte Erde dieser Stadt, und nun nimmst du mir mein Kind, verbrennt diese Stadt, verbrennt mich mit ihr!»

Neben der Mutter unseres Vaters, die ebenfalls so leidvoll gestorben war, hatte Onkel Ali ein Stück Erde für unsere Schwester bestellt, ohne Grabstein, dafür reichte sein Geld nicht aus. 40 Tage später lösten sich ihre winzigen Knochen, wurden mit der Erde vermengt. Frauen beteten für sie, sie bekäme die liebste Mutter im Himmel. Jahre später, als ich zum erstenmal das Grab unserer Schwester besuchen wollte, wanderte ich durch den ganzen Friedhof, tagelang in der glühenden Hitze, und ich fand sie nicht.

Düstere Macht

Der Tod bewirkt Veränderungen im engen Umkreis des Verstorbenen, die man vorher nie ahnt, Veränderungen, die den weiteren Lebensweg jedes einzelnen in unserer Familie bestimmen sollten. Wir alle warteten wohl auf Asyas Tod, jeder für sich. Er gab unserem Leben endlich eine Richtung. Du zogst dich zurück, vollkommen. Deine eitlen Launen hatten mit einemmal aufgehört, in den Monaten nach Asyas Tod sah man dich kaum bei den gemeinsamen Mahlzeiten in der Runde, man sah dich einfach nie mehr. Im langen Morgenmantel, deinen Kopf vermummt, saßest du auf deinem Gebetsteppich, Stunden, Tage, und es wurden Monate und Jahre daraus. Die Zimmertür von innen verschlossen, die dunklen Vorhänge fest zugezogen, so lebtest du. Du sprachst mit niemandem, aßest und trankst nicht, soweit wir wußten. Wenn Mutter am nächsten Morgen ein paar Olivenkerne und etwas angeschnittenes Brot fand, war ihre Freude groß, denn sie wußte, in der Nacht hattest du etwas gegessen. Wenn du merktest, daß das Haus für ein paar Stunden leer war, dann kamst du heraus, um zu waschen und dich zu baden. Danach blieb alles liegen, im Haushalt hast du keinen Finger krumm gemacht, hast dich zurückgezogen und wieder eingeschlossen.

Schon damals war mir jede Art von Hausarbeit zuwider, doch von Mutter ließ ich mich zu jeder Arbeit überreden. Sie trug schwer am Schmerz um ihr totes Kind. Sie war von Rheuma geplagt, dazu befiel der graue Star ihr linkes Auge. Sie bewegte sich kaum noch von ihrem Gebetsteppich, nahm zu und wurde kugelrund, ihre Hände, ihre Füße waren ständig geschwollen. Der Schmerz und eine unerklärliche Angst ließen sie innerlich und äußerlich zerfallen, und sie war gerade Mitte Dreißig. Nur in ihren Gebeten fand sie Trost, ihr Hang zum Glauben beherrschte ihren gesamten Alltag, keinen Besuch nahm sie mehr auf, sie besuchte auch niemanden. Nicht alle Nachbarinnen waren so geduldig, sich immer und immer wieder ihre religiösen Ermahnungen und Predigten anzuhören. Auch wenn sie bereit waren, ihre Trauer zu teilen, ihr in diesen schweren Zeiten beizustehen, nach und nach zogen sie sich zurück.

Unser Haus verwandelte sich in ein Kloster. Unser Bruder kam heim, wenn er Hunger hatte und um zu schlafen. Niemand achtete auf den Jungen, keiner kümmerte sich um ihn, er war ja ein Junge, er würde schon auf sich selbst aufpassen. Und so prügelte ich mich mit ihm um die Melonenkerne, die ich winters neben dem Ofen, sommers in der Sonne trocknete, in Salz röstete und im Pausenhof verspeiste. Doch nein, nicht die Melonenkerne, nicht sie allein waren der Grund für unsere rauhen Auseinandersetzungen. Sein Männlichkeitsgehabe reizte und provozierte mich. Noch war der seelische Eindruck meiner ersten schmerzhaften Lektion auf diesem Gebiet nicht erloschen. Die Narben waren noch immer da, die Wut war noch lebendig: Unser Cousin, der Familienstar, der sich später Sozialist nannte und sich dem weiblichen Geschlecht gegenüber tolerant zeigte und wenige Jahre später doch die Offiziersuniform wählte und sich für eine NATO-Karriere entschied.

Wir beide waren gerade fünf, spielten im Hof seiner Familie unter einem großen Baum. Seine Mutter, unsere liebe Tante, einzige Tochter eines prominenten Schusters, nicht besonders anziehend und talentiert, war mit unserem Onkel mütterlicherseits, dem Gehilfen des Schusters, verheiratet. Der Cousin war der einzige Junge dieser kinderreichen Familie, und wir liebten uns, wahrscheinlich weil die alten Frauen in der Familie über uns tuschelten: «Wenn sie einmal groß sind, werden sie ein schönes Paar werden, schaut doch mal hin, habe ich nicht recht?» Die Mütter zierten sich in solchen Augenblicken gewöhnlich und wollten ihre Töchter, aber hauptsächlich sich selbst, so teuer wie möglich verkaufen. Solche Gespräche waren belanglos, nicht ernst gemeint, zumindest zu diesem Zeitpunkt, wo die Gören gerade das Laufen lernten. Dennoch gehörten solche Kuppeleien zum Alltag in unserem Leben, wohin auch sonst mit der vorhandenen Phantasie?

Unsere Tante machte sich nichts aus der Hausfrauenarbeit. Kinder zu erziehen, Haus und Hof in Gang zu halten, das bedeutete ihr nichts. So war der riesige Hof ein einziger Distelbusch. In anderen Haushalten blühten noch im Herbst die Begonien, Oleander und Rosen, Frauen pflückten tagein, tagaus die Beerenbüsche und Obstbäume leer und füllten Schränke mit eingemachter Marmelade. Nach getaner Arbeit lehnten sie ihren Rücken an die Mauer, aufatmend, die warme Sonne, die langsam unterging, genußvoll auf der Haut spürend. Im Geflüster der Springbrunnen lasen sie ihren Kaffeesatz. Hier dagegen saßen die Frauen, wenn sie unsere Tante besuchten, in stickigen Räumen und mußten die Gerüche aus der Schusterei des Onkels einatmen, Leder, Klebzeug, Gummi. Das ganze Zeug lag in jenen Tagen im Hof, im Flur und in den Räumen herum, der Onkel suchte einen Laden, denn der Schwiegervater hatte ihn samt seiner Geräte und Utensilien, Messer, Scheren, Hämmer und Nägel auf die Straße gesetzt.

«Hör zu, wenn du wirfst, werfe ich zurück, laß uns lieber jetzt schon aufhören», sagte ich zu meinem Cousin und schlug vor, etwas anderes zu spielen. «Du hast zuerst geworfen, außerdem bin ich ein Mann, ich denke nicht daran aufzuhören!» Und es hagelte Distelknollen auf mich, faustdick klebten sie an meinen Haaren, an meiner Kleidung. Mit einer Hand versuchte ich, sie abzumachen, mit der anderen warf ich zurück. Ich beschimpfte und beleidigte ihn, damit er aufhörte. Er geriet in Wut, rannte weg, und als ich glaubte, ich sei ihn los und könne mich in Ruhe von den Disteln befreien, stach etwas in meinen Rücken. Ich schrie wie am Spieß, muß fürchterlich geblutet haben, die Frauen eilten aus dem Zimmer, standen um mich herum, hilflos jammerten sie, schrien schrill durcheinander und schlugen ihre Knie. Doch sie schauten nur zu. Eine Zeitlang schrien wir gemeinsam, ich lag bäuchlings im Staub, spürte den brennenden Messerstich im Rücken, konnte jedoch nicht sehen, wie die Wunde aussah und wie stark sie blutete. Er stand hinter dem Baum, ich sah sein Gesicht, noch immer mit Wut und Schrecken gemischt, nicht allzu weit von mir, ich konnte ihn hören. «Oh olsun», sagte er, «es geschieht dir recht!» Er wiederholte es immer wieder. Und wir waren erst fünf Jahre alt.

Das Corpus delicti war ein Messer, mit dem unser Onkel Leder für den Schuh schnitt, scharf, fein, klein. Meine Muttersprache hat in der Fremde einige Abstriche und Verwundungen erleiden müssen, doch den Namen dieses Spezialmessers, «Sayacı Bıçağı», will ich behalten, als Erinnerung an jene Tage. Und die Narbe von jener Wunde auch.

Auch die Prügeleien mit meinem Bruder, meine weiteren Kraftproben im Kampf, waren Kämpfe um Selbstbehauptung. Er war nur elf Monate jünger als ich, doch gut ernährt und stramm. Ich hing erst wenige Wochen an der Mutterbrust, da fiel er in ihren Schoß. Sobald es ihn gab, mußte ich auf die Muttermilch verzichten, so blieb ich ein Leben lang physisch ein Schwächling. «Untergehen? Nein!» sagte ich mir wohl und nahm meinen Daumen. Das alles war nicht ungewöhnlich unter diesen Umständen, dieser Kampf eines ohnehin schwachen Kindes ums Überleben, noch bevor sein erstes Lebensjahr erreicht war. Doch ich überlebte alle Kinderkrankheiten, die gewöhnlichen sowie die ungewöhnlichen, mit wenig Lärm und Spektakel, ohne je Aufsehen zu erregen. Im Gegensatz zu dir und unserem Bruder war mir das Leben wie ein Naturwunder geschenkt worden.

Warum, so fragte ich in späteren Jahren, geschah kein Wunder mit unserer Schwester? Verzweifelt, manchmal rebellierend, suchte ich die Gerechtigkeit des Gleichgewichts in der Natur. Wer bestimmte, wer leben und wer sterben sollte, wer nahm sich dieses unverschämte Recht heraus? Und wie konnte man jenen unsichtbaren Machthaber entrechten? Mit den Pubertätsjahren vertiefte sich die Suche nach dem Sinn des Lebens, und der Tod von Asya veränderte uns alle von Grund auf. Auch du suchtest sicher nach dem Sinn des Lebens in den Jahren deiner Meditation und entschiedest dich für den Glauben, das Gebet und damit für die Hoffnung auf das Jenseits. Das Leben sollte nunmehr nur noch dazu dienen, möglichst unsündig vor Gott zu erscheinen, wenn es soweit war, und wenigstens dort, im Jenseits, von den paradiesischen Früchten einen angemessenen Anteil zu bekommen. Wenn schon schuldlose Kinder sterben müssen. Ja, wochenlang warst du in Trance gewesen, ohne Erwachen schlugst du deinen Kopf an die Wände, jammertest und klagtest um den Tod unserer Schwester, dann zogst du dich in die Stille, in dein Kloster zurück. Ich, ich habe nicht geweint, keine Träne. Oft habt ihr mir vorgehalten, ich sei ohne Erbarmen, herzlos, gefühlsarm. Das Leiden und die Liebe zu unserer Schwester hattet ihr für euch gepachtet. Ich wehrte mich nicht dagegen, ich wußte keinen Grund, warum ich nicht weinen konnte, fühlte mich schuldig. Ich liebte sie doch, warum kamen keine Tränen? «Man muß doch um die Toten weinen, das machen andere doch auch so, warum nicht ich, bin ich wirklich so, wie sie mich sehen, nein, das kann nicht sein, denn ich weiß, welchen Schmerz ich in mir trage.»

Wenn wir Asyas Grab in unserer Stadt gehabt hätten, so weiß ich, es wäre das meistbeweinte, tränenüberschüttete Grab auf dem ganzen Friedhof geworden, allein durch die Tränen unserer Mutter. Da die Kleine weit weg unter einem Rosenbusch auf einem der Friedhöfe der Großstadt lag, war es uns nur selten möglich, ihr Grab zu besuchen. Manchmal erbarmte Vater sich und schickte Mutter, vielleicht zweimal im Jahr, dorthin, wenn ihre Klagen anders nicht zu stillen waren. Ansonsten waren es immer mehr die Pilgerorte, Moscheecken, heiligen Stätten und die Gräber der Heiligen, an denen sie Trost für ihren Schmerz um das tote Kind suchte, erzählte, weinte, in Trance geriet und mit Gebeten wieder zu sich kam. Und für eine kurze Zeit wirkte sie beruhigt, ihre Hände bekamen wieder einen winzigen Schub Kraft, sie kochte, wühlte, erledigte Arbeiten, die im Haus seit geraumer Zeit brachlagen. Ihre Stimme verlor langsam ihre Heiserkeit, ihre Augen gewannen wieder einen winzigen Schimmer von Licht. Dann wußten wir, daß sie sich aus ihrem ausgehöhlten Zustand befreite, wenigstens für eine kurze Zeit das Leben bejahte. In solchen Phasen zog es mich auch wieder in ihre Nähe. Ich wollte zu ihr stehen, bei all dem, was sie litt und brauchte, ihr zeigen, daß es sich zu leben lohnt, zeigen, daß sie mit mir rechnen konnte.

Ich fand schon immer, daß in unserem Hause eigentlich sehr viel Platz war für Dichtung, für Mystik und Gesang. Auch Mutter fand, eher aus Trauer denn aus Lust, hin und wieder Gefallen am Verseschmieden. Meistens geschah es in stillen Ecken und manchmal bei eintönigen Arbeiten, wenn man nicht allzu sehr aufpassen mußte, daß etwas anbrannte, überkochte oder Schnittwunden hinterließ. Warum backte sie Brot, obwohl Vater noch immer in dem Brotladen arbeitete? Hatte sie Sehnsucht nach alten Zeiten, war das gekaufte Brot mit immer kleiner werdendem Gewicht, aber gleichbleibendem Preis inzwischen zu teuer für uns geworden, oder war es lediglich die Lust, die Kraft des brennenden Feuers und das Licht zu bewundern, die Hände fruchtbar werden zu lassen, sich für das Leben, das sie lebte, verdient zu machen? Sie siebte das Mehl, knetete den Teig, blitzschnell formte sie die runden Kugeln, breitete sie in riesigen dünnen Fladen aus. Diese Fladen drehte sie in der Luft wie einen Fächer um den Stock und legte sie dann sorgfältig auf das heiße Blech. Es dauerte nicht lange, nur ein paar Atemzüge, schon bildeten sich auf den Fladen kleine braune Bläschen, sie drehte sie mit derselben Sorgfalt um, und schon waren sie zum Verzehren fertig. Goldbraune, köstlich duftende Riesenfladen, die sie dann mit einer halben Umdrehung des Oberkörpers hinter sich aufstapelte. Dabei sang sie leise ihre Balladen, ihre Klagelieder, frei oder in Vierzeilern in einer seit Jahrhunderten bekannten Melodie vor sich hin.

Ich schaute sie an. Ich bewunderte sie, bemitleidete sie, ich fühlte, welch ein Schmerz sie gefangennahm und wie stark er sie verändert hatte. Jetzt mußte man sie liebhaben, umarmen, streicheln, mit der Liebe zu einem hilflosen Kind. Doch ich habe es nie gewagt. Während sie vor sich hin summte, zwischendurch über ihren Rheumatismus in den Beinen klagte und ihre Stellung ein ganz klein bißchen veränderte, damit die Beine unter dem schweren Teigbrett nicht einschliefen, beobachtete ich sie still. Ich achtete darauf, daß das Feuer in Gang blieb, zuckte bei jedem Strohfeuer. Wenn die Flammen zu stark aufstiegen, mußte ich auch vorsichtig sein, damit das Brot nicht anbrannte; das Stroh mußte sparsam eingeworfen werden, der Rest mußte immer auch noch für das nächste Mal reichen. Der Brotstapel wuchs in die Höhe.

Nachdem die letzten Teigreste aus der Kupferschüssel ausgekratzt und sie zum Waschen eingeweicht war, bereiteten wir unser Mittagsmahl vor: grüne Zwiebeln, mit Schafskäse gerollte Fladen, Wasser. Ruß und Mehl an unseren Körpern mußten wir noch etwas ertragen, bis wir soweit waren. Zwischendurch ging ich kurz an den Riesensteinspiegel im Gästezimmer, sah, wie meine Wangen feuerrot glühten, meine dunklen Augen noch dunkler als sonst glänzten, nach dem Brotbacken fand ich mich immer schön. In dieser Stimmung war ich bereit, selbst die frömmsten Wünsche der Mutter mitzumachen. So kam es, daß Mutter mich immer mehr in ihre Interessen und ihren ganzen Lebensbereich hineinzog. Ich sah beim geringsten Widerspruch neuen Unfrieden auf uns zukommen und bemühte mich daher, ihr jeden Wunsch von den Augen abzulesen.

Und dennoch gab es keinen wirklichen Frieden. Nie war ich ihr fromm genug, und sie mißbilligte jeden meiner Ausbruchsversuche aus der familiären Enge.

«Seit Monaten hast du keine Gebetsmühle in die Hand genommen, glaub ja nicht, daß ich es nicht merke, wie ein Vagabund streifst du durch die Gegend und schämst dich nicht einmal, was die Leute über dich reden. Ich brech dir die Knie, wenn du nochmals... Was suchst du bei den Heiden drüben, zum Teufel mit ihren Äpfeln und Aprikosen, bring nichts mehr heim, ich will es nicht. Auf den Bäumen hast du nichts verloren, knicke deine Beine unterm Rock und bewege deine Finger, deine Altersgenossinnen haben Truhen voller Aussteuer, und du streifst in der Gegend herum, und außerdem sagt man, diese Leute sollen es miteinander treiben, willst du mir noch einen Schandfleck ins Heim tragen? ...»

Hinter unserem Garten folgten andere Obstgärten. Zwischen ihnen und unserer Straße stand unsere Schule. Ihre Häuser fingen hinter dem Pferdebrunnen an, hinter dem Pferdemarkt, nur zweihundert Meter von uns entfernt, ihre Pferdekarren fuhren an unserer Straße vorbei, ihre Männer und Frauen grüßten unsere Männer und unsere Frauen. Einige ihrer Kinder waren meine Freunde, gute Freunde, freche Mädchen, liebevolle Jungen, selbstbewußte Frauen, väterliche und brüderliche Männer. Ich ging in den Häusern meiner Freunde jederzeit ein und aus, sie waren Fremde, Einwanderer aus der Ferne, vermutlich Araber; ein Stamm, dessen Sprache und Glaube, Sitten und Gebräuche unseren Leuten suspekt waren. Jeder Umgang mit ihnen war tabu. Aber sie waren es, die mich gelehrt haben, daß zwischen Mann und Frau keine Unterschiede zu sein brauchen. Sie nahmen mich an ihrem Eßtisch auf, und ich durfte in ihrem Garten bei der Obsternte helfen. Am Spätnachmittag kam ich dann mit Grüßen und Körben voll Früchten nach Hause. Arm waren sie, verpönt, jeder von unseren Leuten machte einen Bogen um sie. Kinder sind nicht immer unschuldige Wesen, wenn sie von Erwachsenen geschult werden, nein, sie können grausam sein, blutige Kinder, verletzte. Das Geheul der Mütter, Eidschwüre auf den nächsten Racheakt, gegenseitige Steinwürfe waren uns mit der Zeit fast zur Gewohnheit geworden. «Man sagt, sie waschen sich nach dem Beischlaf nicht, es ist höchste Sünde zu verzehren, was sie angefaßt haben!» Ihr Obst und Gemüse wurden auf dem Marktplatz boykottiert. Aber sie lebten ja nur von ihren Gärten, ihre Preise wurden gedrückt, sie wurden ihre Ware nicht los. Am Abend zogen ihre Obstkarren oft genug unberührt nach Hause, wenn nicht im letzten Augenblick bei Sonnenuntergang ein Wucherer voll Erbarmen die ganze Ware spottbillig aufkaufte.

Es war ein Tag im Frühsommer, die Flüsse waren noch immer nicht warm genug für uns wasserscheue Steppenmenschen. Etwa dreißig Frauen und ihre Zöglinge, vielleicht noch einmal zwanzig an der Zahl, fuhren mit einem klapprigen Landbus in den Süden. Wochenlang hatten die Frauen aus der Nachbarschaft und ihre nahe Verwandtschaft von dieser Reise geträumt, da dies für die meisten der erste Ausflug aus ihrem Ort ohne ihre Männer war. Die Frauen freuten sich darauf, miteinander wegzufahren; geschlechtlich gemischte Ausflüge wären ohnehin undenkbar gewesen. So organisierten sie den Bus, das Fahrtziel, bestimmten die Fahrgäste, kochten, backten und brutzelten gemeinsam für ihr Picknick, nur zahlen mußten für die Fahrt die Männer. Ein Tagesausflug mit Kind und Kegel, eine fröhliche Hin- und Rückfahrt. Endlich würden sie einmal hinter den Riesenberg schauen dürfen und einen Fluß überqueren, was unfruchtbaren Frauen gegen Hexerei und alles Unglück im Leben helfen sollte. Seitdem freue ich mich auf jede Brücke, die ich überquere, und eine wirklich frohe Stimmung sagt mir nach dem Überqueren: «Es ist alles vorüber, alle Sorgen hast du auf der anderen Seite des Ufers gelassen.» Und ich werde wieder mutig.

Das Hauptziel war allerdings eine Pilgerstätte, der Segen eines männlichen Heiligen sollte erbeten werden. Und ein Bündel Kummer fuhr im stillen mit uns, in den Herzen und Köpfen jener Frauen. Aber die Fahrt sollte möglichst von den Klagetränen verschont bleiben, nur für ein paar Stunden wenigstens. Ich hatte meine eigenen Gründe, um mitzufahren: Dies war das Reisen, anderswo sein. Ich wollte schon immer woanders sein als dort, wo ich gerade war, eine Art angeborenes Fernweh begleitet mich bis heute. Eine lange Fahrt, Berge, Flüsse, Steppen, dann wußte ich, wozu die Schulbücher gut waren, daß nämlich an unserem Fahrtziel Oliven und Granatäpfel, Bananen und Johannisbrot wuchsen. Von wenigen kurzen Busfahrten wußte ich aber auch, daß mir das Fahren sehr zu schaffen machte und ich noch Tage danach im Schlaf aufwachte und glaubte, ich sei noch auf Reisen. Das Schaukeln des Busses störte mein Gleichgewicht für einige Zeit, aber trotzdem wollte ich mit. Du? Du bliebst daheim.

Nach dem Morgengebet wurden wir Kinder von den Müttern aus dem Schlaf gerissen und in den Bus geworfen. Diejenigen, die nicht mehr an der Mutterbrust hingen, wurden auf den Boden und zwischen die Sitze gelegt, und wir schliefen wie in einer schaukelnden Wiege einfach weiter. So sollte es auch sein. Kaum hatte der Fahrer die Abfahrt angekündigt, schon sanken auch die Frauen in tiefsten Schlummer, da sie die Nacht bis zum Sonnenaufgang nicht hatten schlafen können, vor Aufregung und wegen all der Vorbereitungen. Nachdem sie ihre Männer zur Arbeit verabschiedet und für einen guten Geschäftstag gesegnet hatten, war die Zeit für einen kleinen Schlummer zwischen Tür und Angel doch zu kurz gewesen. Stunden? Wie Tage kam mir die Reise vor. Auf dem harten Fußboden konnte ich kein Auge schließen, mir tat alles weh. Wie sehr wünschte ich mir nur eine kleine weiche Ecke, nur ein paar Minuten im Mutterschoß liegen. Zum Teufel mit dem Heiligen und den Bananenbäumen, wäre ich doch daheim geblieben! Nicht umsonst hattest du dich, trotz deiner Frömmigkeit, entschieden, daheim zu bleiben. Du wußtest, was auf der Fahrt auf uns zukommen würde. Ich hatte davon geträumt, ein bißchen aus dem Fenster zu schauen, etwas anderes zu sehen als unsere vier Wände und unser trostloses Kaff. Aber nein, nichts dergleichen, als hätten die fetten Weiber mit ihren fetten Säuglingen die Sitze für sich gepachtet, dazu der Übelkeit erregende, penetrante Gestank von Kölnisch Wasser, von Schweiß und Kinderpipi. Die Mütter ließen ihre Söhne einfach gewähren: «Macht's leise, der Fahrer darf's nicht hören!» Und wir kamen doch an.

An einem Ufer des Flusses hielt der Bus an, auf der anderen Seite lag der Heilige, kühl beschattet von leise sich im Wind bewegenden Ästen. «Ein schöner Heiliger», dachte ich, «ein Marmorstein, Blumenbeete neben einer winzigen Kapelle.» – «Punkt sechs müssen alle wieder hier sein, wartet keine Minute länger!» rief der Busfahrer, steckte sich eine Zigarette in den Mund und verschwand in Richtung Stadt. Später auf der Rückfahrt erzählten die Frauen leise kichernd, doch ohne Umschweife vor den Kindern, daß er sich wahrscheinlich in den Tagespuffs herumgetrieben habe, da seine

Hand hin und wieder den Hosenreißverschluß so verdächtig berührte. Und einige Frauen wußten, ohne den Sachverstand ihrer Männer zuzugeben, daß in der Gegend ganz fabelhafte Frauen zu kriegen waren.

Und mein Problem? «Was mache ich jetzt?» fragte ich mich, «das muß es sein, meine erste Periode!» Schon während der Fahrt hatte ich gespürt, daß etwas Sonderbares mit mir passiert war. Als ich mich dann heimlich vergewisserte, wußte ich, daß ich es für immer vor allen geheimhalten würde. Das hätte ich auch gekonnt, wenn wir bloß zu Hause gewesen wären, doch hier unter der nackten Sonne, vor den Adleraugen aller? «Du verdorbenes Luder, sofort hierher, habe ich gesagt!» Schon zog mich Mutter an den Haaren, zornig packte sie meinen Arm und führte mich mit geflüsterten Flüchen an den heiligen Ort. Ich wußte und hatte oft genug gehört, daß Frauen während ihrer «biologisch unreinen acht Tage» eine Schonzeit hatten, vor allem in bezug auf religiöse Pflichten. Kein Moscheeeintritt, nicht beten und nicht fasten müssen, eine herrliche Zeit. Aber auch kein Beischlaf, keine Annäherung von seiten der Männer durfte in diesen Tagen ihre Wollust wecken. Andere Mütter hätten ihre Töchter sorgfältig auf diesen entscheidenden Tag ihres Lebens vorbereitet, gemeinsam für diesen Tag die Ausstattung genäht, sie eingeweiht in das, was auf sie zukommen würde. War ich zuwenig unter Frauen gewesen, war ich eher ein Männchen als ein Weibchen, würden sie mich auch verheiraten, wenn sie erfuhren, daß auch ich ab heute zu ihnen gehörte? Würde auf mich all das zukommen, was die Pflicht einer jeden Frau war, mußte auch ich alles über mich ergehen lassen, «Mann, Kind, Bett, Küche, Gebetsteppich»? Nein, nein, tausendmal nein, niemand sollte erfahren, was soeben mit mir geschehen war. Von mir aus sollten sie mich für einen Zwitter halten, ich hatte gehört, daß es auch Männer mit Busen und Frauen mit Bart gab.

«Mein Gott, verzeih, daß ich in diesem Zustand deine heilige Stätte betreten habe, verschone mich vor dem Fluch aller Heiligen. Ich konnte mich nicht wehren, diese Sünden sind nicht meine Sünden, sag deinen Engeln, sie sollen sie in Mutters Sündenheft eintragen.

Ich will nicht im Jenseits im Teerkessel brennen, hab Erbarmen, erhöre mein Gebet!»

Unter Mutters Zwang habe ich mich in dem Fluß Ceyhan gewaschen, meinen Kopf zugeschnürt und habe mich neben sie auf den Gebetsteppich in der Kapelle gesetzt, nur dafür gebetet, daß diese Stunde der seelischen Folter möglichst schnell vorübergehen möge; daß ich unser Haus erreichen möge, bevor der Blutfleck mein Kleid erreichte, sichtbar würde und ich zum Spott und Gelächter der Frauen würde. Der Wunsch nach Bananen- und Granatäpfelbäumen war erstickt, ich hatte alles vergessen, was mich an dieser Reise so begeistert hatte. Erst zwei Tage später merkte ich, daß Mutter zwei Körbe voll grüner roher Oliven dort von den Bauern zum Selbstpflückpreis gekauft hatte. Daheim schnitt ich sie Stück für Stück an und legte sie in Salzwasser, damit der bittere Geschmack sich auflöste. Wir legten sie in Öl und Zitronensaft für den Winter ein, es wurden ganz süße Oliven daraus, die süßesten, die ich je in meinem Leben gegessen habe. Mein bitterer Geschmack jener Tage ist jedoch bis heute geblieben. Vor allem habe ich nicht vergessen können, wie sich die mitgereisten Jungen im Fluß nackt abkühlten, im Wasser plätscherten, spielten, sich unter der warmen Sonne ihres Lebens freuten, während ich solche Seelenqualen ausstand.

Die Zeit verging: Viele Frauen hatten sich am Grabe des Heiligen ausgeweint, ihre Wünsche an ihn gerichtet und ihm für den Fall der Erfüllung dieser Wünsche und der Heilung ihrer Krankheiten Opfer versprochen. Von ihren Tüchern hatten sie Streifen an die Gitter des Grabes oder an den Baum am Kopfende des Heiligen gebunden, gereinigt und voller Hoffnung waren sie heimgekehrt. Noch wochenlang erzählten sie daheim von den Eindrücken einer solchen Pilgerreise; jetzt mußten sie warten, warten und hoffen, inbrünstig hoffen und mit ganzem Herzen daran glauben, daß ihre Nöte, ihre Ängste mit einemmal verschwinden würden und ihre Wünsche in Erfüllung gingen. Und wenn die Zeit, der Zufall oder irgendein anderes unsichtbares Mittel einige von ihrem Kummer erlöste, so glaubten sie noch mehr an Gottes Kraft und an den Segen der Heiligen. Gingen manche Wünsche nicht in Erfüllung, so stärkte dies ihren Glauben nur, und sie suchten neue Pilgerorte, erfanden neue Gebete, um keinen Weg unversucht zu lassen. Sie wußten, daß alles Ketzerische, jeder Aberglaube in ihren Gebeten keinen Platz haben durfte, sie wußten, dann würde Gottes Fluch über sie kommen. Nur ihre Verzweiflung steigerte ihren Ehrgeiz, und sie ließen keinen Weg aus.

Unsere Mutter war mittlerweile selbst eine halbe Heilige geworden, eine weise Frau, die vielen jungen Frauen einen Rat zu erteilen wußte, da sie in ihrem jungen Alter schon leidgeprüft war. Schweigsam, in sich zurückgezogen, mit einer leisen Stimme, tröstete sie die Ratsuchenden, fuhr ihnen über das Haar und sprach ihnen Mut zu, niemals aufzugeben. Dann erklärte sie, was zu tun sei, und empfahl andere erfahrene, sachkundige Frauen, wenn sie glaubte, ihre Kompetenz sei an ihre Grenzen gestoßen. Auch sie setzte sich der Gefahr aus, gelegentlich unbewußt ihren Glauben zu verlassen, wenn sie manch junge, flehentlich schluchzende Frau vor sich sah und behauptete, jemand hätte böswillig Hexerei mit ihr getrieben.

Erinnerst du dich noch an die Geschichte von Burcus Mann? Warum, so fragten wir uns damals, trifft gerade die guten Menschen ein böses Schicksal. Gibt es nicht genug Menschen auf dieser Erde, die es viel eher verdient hätten? Besonders die alten Frauen schlugen ihre Knie und klagten, daß dieser Mann, ein kleiner Beamter, nicht aus der Gegend, ernst und fein, seinem Weib treu wie Gold, vor ihren Augen dahinschwand. «Und wenn wir etwas bei den Behörden zu tun hatten, so zog er mit uns, fand immer einen Weg, ließ uns nie fallen, schreckte nie zurück, nicht einmal vor dem Kadi. Und die Bittbriefe, damals, weißt du noch, als die ganze Gegend von Kot überschwamm, der Gestand uns krank machte, die Epidemie uns heimsuchte, wo war da der Bürgermeister? Er, Burcus Mann höchstpersönlich, fuhr in die Stadt, faßte die zuständigen Beamten am Kragen und schleppte sie hierher. Seht, sagte er zu ihnen, seht es mit euren eigenen Augen. Und binnen weniger Tage kamen Männer mit Rohren und Spaten, huben die Erde aus, setzten Rohre ein, schütteten die Kanäle zu, und wir hatten wieder unsere Ruhe.» So sprachen die alten Frauen über Burcus Mann, und auch die jüngeren würdigten ihn mit respektvollen Worten: «Er schaut uns nie an, wenn er an uns vorbeigeht», meinten sie, «wie es sich gehört, immer sein Gesicht auf die Erde gerichtet. Und wir sehen ihn jeden Abend, wie er mit vollen Tüten und Körben, kaum zu tragen, heimkehrt. Meiner dagegen? Na ja...»

Burcu hatte den Guten geheiratet, ihre Eltern hatten ihn gewählt, Burcus Verwandtschaft hatte ihn befürwortet, weil er ein Beamter war. «Ein sauberer Beruf mit geregeltem Gehalt», sagten die Leute, und Burcu hoffte, mit dieser Entscheidung zu einer Dame aufzusteigen. Sie wußte von Nachbarsfrauen, welch schwere Arbeiten ihre Männer tun mußten, um aus Stein Brot zu meißeln, welchen Dreck sie Abend für Abend von den Baustellen heimtrugen. Und die Frauen mußten zusehen, wie sie den Dreck und Gestank wegschrubbten. Die Hemden und die Hosen waren nicht aus Stoff, sondern geradezu aus Ledersohle, alles, Teer und Zement, klebte daran, und es stank, und sie ließen sich nur alle vierzehn Tage beim Barbier rasieren. Nicht einmal vor dem Beischlaf salbten sie sich mit Rosenöl. «Nimm ihn, wenn du gescheit bist», rieten sie ihr, «mit Anzug und Krawatte wird er dich bei der Hand nehmen und auf der Promenade ausführen, neben ihm wirst du aufblühen, koste deine Jugend aus, an deiner Stelle zögerte ich nicht eine Minute.» Und Burcu nahm ihn. Obwohl sie gerade erst fünfzehn und er schon dreißig war.

Verlobung, die größte Hochzeit dem Feinde zum Trotz, Flitterwochen in Istanbul – eine Sensation war dies in unserer Gegend, er kam ja aus der Stadt, dort taten die wohlhabenden Leute so etwas. Die Wohnung mit dem Besten ausgestattet, «einen Elfenbeinkamm aus Indien trug sie unter ihrem Hochzeitsschleier». Die Jüngeren im heiratsfähigen Alter beneideten sie, «hat sie ein Glück!» Ja, sie war auch nach der Meinung aller das schönste Mädchen weit und breit, ihr Glück sollte und durfte an nichts scheitern, so glaubten wir, die kleinen Leute. Doch es sollte anders kommen.

Sehr bald wurden die leisen Klagen Burcus zu den am lautesten zerredeten Gerüchten der Gegend. Die öffentliche Aufmerksamkeit richtete sich auf ihren Bauch, der nicht dicker werden wollte, was schließlich zur Vervollständigung des ehelichen Glücks gehörte und durch nichts zu ersetzen war. «Ist er vielleicht impotent?» fragten sich die alten Frauen hinter vorgehaltener Hand, «Wenn's so ist, was tut man dagegen? Ja, Salbei, zerriebener Sellerie mit Honig!» Und dann gab es wohl noch ein viel wirksameres Mittel, das, wie man annahm, selbst die Toten aus den Gräbern zum Stier machte: Trüffel hieß das Zaubermittel, eine Art Pilze, so hatte man gehört. In manchen Gegenden des Landes würde man nur deswegen Schweine züchten, die ein feines Riechorgan für Trüffel hätten. Sie würden diese schwarzen Pilze selbst aus dem Maghreb riechen, sie wie wild aus der Erde ausbuddeln, und sobald die sonderbaren Wurzelknollen mit dem Knoblauchgestank sichtbar wären, würden sie wie vom Teufel gejagt wegrennen. Wenn man sie bloß hätte, so würde man ihn, den Armen, mit rohen Trüffeln Tag und Nacht füttern, damit er bloß..., damit man diesen Kummer des jungen Glücks für immer und ewig aus der Welt schaffte.

Unsere Gegend war stolz, als frömmste Gegend weit und breit im Lande zu gelten. So war an Schweinezucht nicht zu denken, und Trüffel gab es bei uns auch keine. Die Lösung kam schließlich von unserer Mutter. «Da ist ein Mann an der Südküste, er hat magere Hände und ist mit überirdischen Kräften ausgestattet, holt ihn! Holt ihn schnell!» sagte sie. «Es ist die Schwarze Magie, Gott möge uns unsere Sünden vergeben, wir wollen ja nur Gutes, holt ihn her, er wird es wissen!» In der Tat wurde er geholt. Wochenlang warteten wir auf diesen Mann, der diesem feinen Beamten seine Männlichkeit zurückschenken würde. Niemand fragte sich dabei, ob nicht vielleicht doch die Frau, nur vielleicht, unfruchtbar sein könnte.

Damals fand ich zum erstenmal in meinem Leben Gefallen an diesem ganzen magischen Zirkus. Alles Hexerische, Ketzerische faszinierte mich von da an, nur wollte ich von dem ganzen religiösen Klüngel nichts wissen. Ich wollte diesen Mann mit den mageren Händen sehen, auch ich. Ich nahm mir vor, alles Erdenkliche anzustellen, um dabeizusein, wenn er den Zauber lösen sollte, selbst bei einer hermetischen Abriegelung des Hauses müßte ich dabeisein, müßte eben aufs Dach steigen, wenn es sein mußte.

Drei Männer waren hinuntergefahren, um den Mann mit den schmalen Händen zu holen. Eine Reihe von Frauen bat ihre Männer, diesen Zaubermann auch einmal einzuladen, eine ganze Stadt war wie von Sinnen, als er kam. Schon frühmorgens füllten sich die Haupt- und Nebenstraßen mit Frauen und Kindern, auch Männern, die ihn wenigstens aus der Ferne einmal gesehen haben wollten. Die Bewunderung für ihn war wie angeboren, er brauchte kaum ein Wunder zu vollbringen. Närrisch standen die Schaulustigen da, starrten die Haustür an, in die er eintreten sollte. Es wurde Nacht, und die Nachtlager wurden vor den Häusern errichtet, um diesen historischen Augenblick nicht zu verpassen. Es wurde wieder Morgen, die Männer gingen ihrer Arbeit nach, die Frauen erledigten lustlos ihre Pflichten und liefen wieder zum Schauplatz.

Am dritten Abend erschien ein Wagen, bog um die Ecke, hielt vor jener gewissen Tür. Er soll schon im Wagen gesagt haben: «Haltet an, wir sind da!», ohne daß man ihm gesagt hätte, welches Haus er eigentlich betreten sollte. So erzählten die Männer in den Cafés, die Frauen erzählten es dann weiter. Er trat in Burcus Haus ein, noch zwei weitere Männer aus der Familie mit ihm, die Tür wurde von innen verriegelt, und wir waren nur noch neugierig, wie lange diese Operation dauern, was geschehen würde. Einige Frauen spekulierten, er sei ein Scharlatan: «Der, wie er aussieht, der bringt nicht einmal fertig, daß ...!» Andere hatten schon beim ersten Anblick so ein gewisses Etwas an ihm erkannt, als sei ein heilender Wind von ihm geweht. Sie waren zuversichtlich, daß es für die ganze Stadt das größte Glück, gar ein Wunder sei, daß er je unseren Boden betreten hatte. Wir alle hofften, unsere Nöte und Sorgen würden mit diesem fast himmlischen Besuch ein Ende finden. Er kam nach wenigen Minuten heraus, begleitet von zwei Männern wie Jesus von Nazareth, stieg in die Limousine und fuhr davon. Es hieß, er habe nicht einmal etwas zu essen zu sich genommen. «Die Pflicht ruft, ich muß weiter», mit diesen Worten flüchtete er geradezu ins Auto. Nach der Operation habe er seine Hände gewaschen, selbst das Handtuch des Gastgebers abgelehnt, statt dessen ein perlenweißes glattes Taschentuch aus seiner Tasche geholt, um seine Hände zu trocknen. Nun war er weg, und die Frage war, wie man an das, was drüben in den vier Wänden gerade geschehen war, herankommen konnte.

«Ach, der taugt doch nichts», sagten die pragmatischen unter den Frauen, «du wirst sehen, es stimmt, was ich sage, er hat's gefunden», sagten andere, Gutgläubige. Aber erst Tage später erfuhren wir, was sich wirklich ereignet hatte, woran wir nun einfach glauben mußten und es auch taten. Burcu, die beiden Männer aus der Familie und die Schwiegermama, Burcus Mutter, seien dabeigewesen, als er das ganze Haus Wand für Wand und jedes Möbelstück betastete, weder Küche noch Lokus und nicht einmal den Dachboden und die Vorratskammer ausließ. Er schlich sich an eine Eckwand an, sein Körper begann zu beben, und ein lautes Schlucken erschwerte ihm das Atmen. «Holt es heraus, diese Stelle, da ist es!» sagte er. Dann wand er sich zu Burcus Mutter, «und Sie, gnädige Frau, bitte ich höflichst, den Raum zu verlassen!»

Man fand also unter dem Putz zwischen zwei Ziegelsteinen in der Wand eine aus Kernseife ausgeschnittene Puppe, in ihrem Körper steckten vierzig kleine Nadeln. Burcu fiel in Ohnmacht, die Männer begriffen nicht, was geschehen war. Einer von ihnen, Burcus jüngster Bruder, stürzte sich im Hof wie wild auf seine Mutter, überschüttete sie mit Fragen. Die Mutter hatte sich an die Mauer gelehnt, und man vermutete, sie erwarte schuldbewußt das Urteil. Sie glaubte wahrscheinlich bis zum letzten Augenblick selber nicht, daß wirklich herauskommen würde, was sie getan hatte. Sie brach in Tränen reuevoll zusammen, ihre Rechenschaft war einfach und menschlich genug, daß die draußen neugierig wartende Masse sie verstand. Ein Enkelkind wollte sie haben, von ihrer einzigen Tochter, nichts weiter. Wenn der Mann nicht fähig war, die junge Blüte ihrer Tochter zu lieben und ein Kind zu zeugen, dann sah sie nur einen Ausweg, er mußte sauber aus dem Leben scheiden. Je mehr die Kernseife in der Wand durch die Zeit zerrieben würde und dahinschmolz, desto magerer würde Burcus Mann werden, krank und um Jahre gealtert. Vierzig Tage später starb er. Es war zu spät, um die Auswirkungen der vierzigmal durchstochenen Kernseife wieder rückgängig zu machen.

Von all dem bist du, Schwester, ferngeblieben, edelmütig und geschützt wie immer.

Genau gegenüber von Burcus Nobelhaus, in das sie sich nun, die ganze Welt hassend, in Isolation zurückgezogen hatte, wohnte Abdullah. Mit elf Jahren vom Fahrrad gefallen, inzwischen Ende Zwanzig, querschnittsgelähmt, hübsch wie ein Mädchen, klug, talentiert wie ein geborener Dichter; und malen konnte er auch gut. Abdullah saß schon in den frühen Morgenstunden an dem winzigen Fenster zur Straßenseite, las Bücher, zeichnete, unterhielt sich mit den Passanten, bis es dunkel wurde. Er war mein Freund geworden. Unsere Mütter gehörten zur selben Gebetsgemeinde. So durfte ich bei ihm ein und aus gehen. Seine Mutter hatte, ohne ein Staubkorn auf ihre Ehre fallen zu lassen, ihre fünf Kinder als Witwe durchgekriegt, zwar gelitten, aber gelebt, von allen hochgelobt.

Ich ging oft zu ihm, aber noch immer war ich in den Jungen mit den buschigen Augenbrauen in unsrer Klasse verliebt. Und Abdullah diktierte mir meine ersten Liebesbriefe, die nie in die Hände des Geliebten gelangten. Ich las sie in Stunden der Einsamkeit mir selber vor, vergrub sie dann später in der Erde im Hof. Abdullah weckte auch meine ersten literarischen Ambitionen. Mein Lerneifer steigerte sich mit jedem Schuljahr, durstig nahm ich alles in mich auf, was in den Bildungsinstitutionen angeboten wurde. Selbst die schulfreien Stunden verbrachte ich in der Stadtbücherei, im Sommer erfreute ich mich an der Kühle und Stille, im Winter an der Wärme und dem Schutz dieses heiligen Gemachs. Während ich las, was mir in die Hände fiel, frech Pläne schmiedete, nach der Grundschule in die Stadt aufs Lehrerinternat zu gehen, hängtest du die Schule für immer an den Nagel. Selbst die Bitten und Bemühungen des Vaters, wenigstens bis zum Abitur durchzuhalten, fanden bei dir kein Gehör. Er bat die Lehrer im Gymnasium, machte ihnen Geschenke, in der Hoffnung, sie mögen Nachsicht dafür haben, was du gerade durchmachtest, es half nicht. Du bliebst in der Schule und auf deinem Gebetsteppich sitzen.

Zunehmend stieg der Zorn der Familie auf dich, selbst unsere Mutter, die sich anfangs voll und ganz auf deine Seite stellte, fing in ihrer Verzweiflung an, dich anzugreifen, schlug vergebens an deine Zimmertür, wünschte das schlimmste Unglück vor der verschlossenen Tür, weinte, tobte und versprach, dich umzubringen, sobald du aus dem Zimmer kämst. Verrecken solltest du, kein bißchen Brot, keinen Tropfen Wasser würde sie dir mehr gönnen. Sie wartete betend auf den Tag, an dem sie deine Leiche den Aasgeiern vorwerfen würde. In der Tat hast du damals mit Dauerfasten angefangen. Vierzig Tage waren vergangen, wir hatten dich nicht gesehen. Mutter hatte nun ihren Gebetsteppich vor deiner Tür im Flur ausgebreitet, ein Küchenmesser und eine Gebetsmühle lagen neben ihr. Wenn sie einnickte, nahm ich leise das Messer weg und versteckte es, sie jedoch brachte gleich ein anderes Messer aus der Küche. «Du auch noch!» fuhr sie mich an, «seit wann hast du Augen für Gott und Gebet, du gottlose Kreatur, bring das Messer auf der Stelle her!»

Scharen von Brautwerbern hatten Gefallen an deinem geistig zurückgezogenen Leben gefunden, ältere Frauen kamen aus fernen Gegenden, um um deine Hand zu bitten. «Nun, einmal müssen wir sie schon gesehen haben», sagten die Vermittlerfrauen, «damit wir dem Werber von ihrer Schönheit vorschwärmen können.» Nein, deine Tür blieb verschlossen. «Jagt sie zum Teufel!» schriest du aus deinem verschlossenen Zimmer. Und die Frauen verließen unser Haus mit geknickter Miene, unverständliches Geflüster auf ihren Lippen und Bedauernsworten an unsere Mutter. Gerüchte wurden verbreitet, du seist mit Feen und Geistern verheiratet, die ganze Stadt glaubte daran, auch Mutter. Von da an warst du aus dem Leben ausgeschlossen, man nahm dein Dasein kaum mehr wahr. So etwas hatte man noch nie gesehen, normal war das jedenfalls nicht.

In unserem Haus fand die Hölle kein Ende. Die Eltern sprachen bekümmert über deinen Zustand, keine Amulette, kein Wahrsager hatte dein Geheimnis lösen können; doch es mußte etwas geschehen, und Vater unternahm daraufhin die erste ernsthafte Initiative. «Wir ziehen von hier fort, ein Tapetenwechsel wird ihr guttun, wir gehen fort, bevor die Familie völlig zerfällt, in meine Heimatstadt. Mein Vater lebt noch, meine Brüder sind einflußreiche Männer, ich lasse euch schon nicht verhungern, dieses Haus hat uns nur Unglück beschert, ich verkaufe es dem Nächstbesten!» Und so geschah es, das ohnehin mit Hypotheken schwer belastete Haus verkaufte er für ein paar Groschen.

In die fremde Stadt

Es war ein Frühherbsttag, die Luft noch lau und seidenweich, ein gelber Wind wehte auf dem Lastwagen, ich hatte mir ein grüngeblümtes Kleid genäht, den Stoff hatte mir die kinderlose Sultan geschenkt. Sie hatte meine Körpermaße genommen, den Stoff zugeschnitten, mir gezeigt, wie die Kräusel an der Hüfte am Oberteil anzusetzen waren und daß wir mit dem Ausschnitt am Hals doch etwas sparsam umgehen sollten, da ich nun über das Kindesalter hinausgewachsen war. Ich nähte es mit der Hand. Sultan und ich saßen um das ausgebreitete Laken, ich brachte ihr frisch gepflückte Maulbeerblätter von unserem Garten, mit denen sie ihre Seidenraupen fütterte. Sie erklärte mir, wie sie sie züchtete, die Seide herstellte, sie webte und die handgewebten Seidentücher bestickte und verkaufte. Sie liebte jede Raupe für sich, in einsamen Stunden waren die Raupen ihre Kinder, sie sprach mit ihnen und streichelte sie liebevoll. «Mit jedem Tuch, das ich verkaufe, geht ein Stück von meinem Herzen mit; wenn ich doch das verdammte Geld nicht bräuchte...» klagte sie. Sultan liebte alles, was lebte, Tauben, Hühner, Katzen, all diese Wesen lebten in ihrem Haus friedlich zusammen. Und es war so wohltuend für mich, in anderen Haushalten ein paar Stunden zu verbringen. Ich hatte mir in der Nachbarschaft einige wenige Ruhehäfen aufgebaut, in denen nicht von Problemen gesprochen, geschimpft, geklagt oder gedemütigt wurde. Sie lösten ihre Probleme anders, vor allem sah ich, daß nicht alle Haushalte von Gebetsmühlen und Gebetsteppichen beherrscht wurden, und sie waren doch auch Gläubige.

«Ja, man hat deine Nabelschnur außer Haus geworfen, das hat man davon, wenn man im Krankenhaus entbindet. Wärst du daheim zur Welt gekommen, hätte ich sie in der Erde im Hof vergraben, damit du dich wie andere Mädchen nicht von den Knien deiner Mutter fortwagtest, so wie es sich gehört...» Nein, auch dies war Mutter nicht recht, Sultan gehörte nämlich nicht zu den Gebetsschwestern, aber an einen gefährlichen Einfluß durch sie glaubte wohl auch Mutter nicht. Sie betrachtete Sultan als naiv, etwas unbeholfen; ein wenig Mitleid hatte man mit ihr auch, da sie das Glück, ein Kind zu haben, nie schmecken würde. Gott hatte ihr genug angetan, so sollten wenigstens die Menschen Erbarmen mit ihr haben, meinte Mutter.

Der Herbsttag kam, mit dem gelben Wind wehte gelbes Laub in unseren Hof, das hieß Trennung von all dem, was bisher war, von unglücklichen wie freudigen Jahren, aber auch vom Schmerz, von den dunklen Wolken, die sich über unserem Haus aufgetürmt hatten und nicht daran dachten wegzuziehen. Statt dessen zogen wir weg. Nur ein kleiner Lastwagen voller Holz und Polster, Kupfer und Stoff blieb von meiner Kindheit übrig. Ein bitterer Beigeschmack und doch auch etwas Hoffnung begleiteten diese Fahrt in Richtung Großstadt, in den Norden, in eine ungewisse Zukunft, in die Jugend. Voller Zuversicht verabschiedeten uns die Nachbarsfrauen. Sie gaben uns viel zu essen mit, viel Gebackenes, weil es lange satt hält. «Ihr sollt sehen, es wird euch besser gehen, so ging es nicht mehr weiter, es ist gut, seid fröhlich...»

Erst Jahre später kam ich wieder in diesen Ort, stand vor dem Haus und hoffte, meine Erinnerungen wieder wachrufen zu können. Ich weiß nicht, warum Menschen so etwas tun, Wehmut überfiel mich bei dem, was ich sah. Ich war nie gegen Veränderungen, natürlich mußte die Zeit sich fortbewegen und verändern, natürlich konnte nicht alles so bleiben, wie es war. Ich wollte lernen, mit dieser Wehmut umzugehen, da nicht alles rückgängig gemacht werden konnte.

Ein ehrgeiziger, reformerischer Bürgermeister hatte die Stadt saniert. Der Bahnhof lag außerhalb, eine breite Allee erstreckte sich mit ihren uralten Bäumen in Richtung Stadtmitte. An der Mündung der Allee zur Stadt stand die Stadtbücherei, ein wichtiger Tempel meiner Kindheit. Links von dort ging man an Kinos und Krämerläden vorbei, zum Zentrum. Mitten in der Stadt war der Stadtgarten im Sommer wie im Winter gepflegt, keine einzige Blume wurde hier ausgerissen, Menschen saßen auf den Bänken und ruhten sich aus, aßen in Salzwasser gekochte Maiskolben und freuten sich. Hinter dem Park nördlich des Stadtzentrums lagen die kleinen Nebenstraßen. In einer dieser Straßen war unser Bäckerladen, der mir soviel bedeutet hatte, neben der winzigen Apotheke, in der mehr Kosmetikartikel verkauft wurden als Heilmittel. Vom südlichen Eingang des Parks sah man die Markthalle, hinter der Markthalle begannen die Wohnviertel der Armen, wo auch unser Haus stand.

Quer durch dieses Viertel hatte jener Bürgermeister eine breite Straße bauen lassen, die ein Teil der Nord-Süd-Achse des Landes sein sollte. Unser Haus hatte es gerade noch geschafft, am Leben zu bleiben. Durch unseren Garten führte jedoch nun die Straße, der alte Maulbeerbaum stand einsam auf der anderen Straßenseite, seine Blätter waren bedeckt mit weißem Staub von den vorbeirasenden Bussen und Lastwagen, er gab schon lange keine Früchte mehr, er war alt und müde geworden, außer Funktion gesetzt, ausgestoßen in der modernen Stadt. Wie wichtig aber war dieser Baum für meine Entwicklung gewesen! Die Menschen hatten nichts Gutes für ihn getan, und doch hatte er uns seine Früchte gegeben, von deren Süße wir uns nährten, in seinem Schatten hatten wir geruht. Den Bach in unserem Garten hatte man mit Teer zugeschüttet, das Wasser in eine andere Richtung geleitet, die Wurzeln der Pfefferminzbüsche waren nun unter der Asphaltstraße zermahlen, in der Erde, von modernen Verkehrsmitteln. Auch die uralten Platanen in der Bahnhofsallee waren gefällt, man hatte einen Wolkenkratzer neben dem anderen gebaut, aus deren Balkonen die Fernsehantennen herausragten.

In den Kinos liefen nun auch ausländische Filme, Frauen kopierten die westlichen Damen, gingen eingehakt an den Armen ihrer Männer. Manche Männer schoben gar den Kinderwagen, während ihre Frauen im Gehen Sonnenblumenkerne knackten, immer einen halben Schritt hinter ihren Männern, da sie in ihren hohen Absätzen und engen Röcken nicht Schritt halten konnten. In der Provinzstadt waren mir solche Szenen nicht fremd, dies war der städtische Alltag, und ich hatte mich an die Kleinkariertheit und Provinzialität unserer jungen westlichen Republik und ihrer Menschen gewöhnt. Aber die Stadt, in der ich groß geworden war, von der ich nie gedacht hätte, sie könnte ihre Ursprünge mit aufgesetzten Modernitäten vertauschen, ja, auch sie versuchte, mit dem Zeitgeist und den Veränderungen Schritt zu halten. Warum, fragte ich mich andererseits, warum sind wir Menschen so seltsam, daß wir zum einen den Fortschritt wollen, aber wenn es dann geschieht, sentimental werden und gern das Alte zurückhätten? Ist das nur Nostalgie?

Immer wieder fuhr ich dorthin, immer wieder stand ich vor diesem oder jenem Haus, in dem wir gelebt hatten. All die Ereignisse dieses alten, traditionellen Lebens, all das, was wir hier durchgemacht hatten, verblaßte, verstummte; ja, unsere Kindheit wurde verstümmelt. Gut, daß wir diesen Umbruch nicht miterleben mußten. Wir entgingen diesen Veränderungen, indem wir uns selber veränderten; wir zogen in die Provinzhauptstadt und wußten, daß wir auf den Fortschritt und auf die Moderne zugingen.

Vater war einige Wochen vorher in die Provinzhauptstadt gefahren, um sich nach einer menschenwürdigen Arbeit umzusehen, und er hoffte, ja wußte fast sicher, daß sein jüngerer Bruder und der geizige Greis, unser Großvater, ihm eine hilfreiche Hand reichen würden. Dann wäre es auch kein Problem, mit ihrer Hilfe irgendwo ein Dach und zwei Zimmer für den Herbst, für unsere vom Tod geplagte Familie mit nur noch drei Kindern zu finden, und man würde sehen, irgendwie würde es schon klappen. Doch Vater hatte sich getäuscht. «Im Augenblick gehen die Geschäfte zu schlecht», sagten seine Stiefbrüder, «so daß wir kaum wagen dürfen, noch jemanden einzustellen.» Es waren fünf Männer an der Zahl, einflußreich, wohlhabend, jeder besaß gleichzeitig mehrere Geschäfte, Teppichläden, Autogalerien, handelte mit Wolle, Häusern und Grundstükken. Spekulanten waren sie, Börsenmakler, Bauherren. Unser Vater war bereit gewesen, für den niedrigsten Lohn jede Dreckarbeit zu machen, er wollte doch nur den Schutz seiner Familie und im Herbst seines Lebens noch ein kleines bißchen dazugehören. Er hatte sich keinen Reichtum gewünscht, nur genug Brot für seine Kinder. Das war es, das war alles.

Bald achtzig Jahre war der Greis geworden, noch keinen einzigen Zahn hatte er sich ziehen lassen, er setzte keine Brille auf, wenn er die Pfennige abrechnete, und brauchte keinen Stock beim Gehen. «Wenn du glaubst, ich könnte bald abkratzen, wenn du glaubst, du könntest dich auf deine Erbschaft freuen, dann irrst du dich gewaltig, mein Sohn», sagte er – ich mag ihn nicht Großvater nennen. Er saß vor dem Café, trank seinen abendlichen Tee und sprach so laut, sicher bewußt laut, daß alle an den Nebentischen zuhören konnten: «Ich werde das Jahrhundert und damit euch alle überleben!» Er tat es auch! Zumindest überlebte er unseren Vater um mehr als ein Jahrzehnt. «Außerdem will ich keinen Sohn haben, der trinkt. Willst du mir weismachen, du würdest nicht mehr trinken, sobald du in meinem Geschäft Arbeit hast? Nein, man hat mir noch lange nachgetragen, wie du dich am Grabe deiner Tochter benommen hast, an deiner Stelle wäre ich schon längst tot vor Scham. Dein Bart ist ergraut, noch immer hängst du an der Flasche wie an der Mutterbrust, schäm dich für deine Ahnen und hau ab! Laß dich hier nicht mehr blicken!» Doch Vater war schon längst weg, auf dem Weg zur nächsten Kneipe, und die letzten Worte seines Vaters hörte er später von den Männern an den Nebentischen.

Tagelang streifte er unrasiert, halb torkelnd, durch die Gassen seiner Geburtsstadt und bettelte um Arbeit. Seine Schuld war,

Mensch zu sein, seine Schuld war, ehrlich zu sein und arm. Dieses Leben hätte ihn – es bedarf dazu nicht viel –, zum Kriminellen gemacht, wenn ihm nicht sein Anstand in seiner Hoffnungslosigkeit ein wenig Mut verliehen hätte.

Als wir damals unsere wenigen Habseligkeiten in den Lastwagen stapelten, glaubten wir, seine Brüder hätten ihm die Zuversicht gegeben für eine menschliche Zukunft. Wir konnten nicht ahnen, was in ihm vorging, nicht wissen, daß alle Welt ihn im Stich gelassen hatte. Was er in drei Tagen in der Provinzhauptstadt durchgemacht hatte, hätte selbst jedem halbwegs optimistischen Menschen gereicht, um sich die Kehle durchzuschneiden. Er wollte nicht mit leeren Händen, ausgestoßen von der eigenen Familie, vor unserer dämonischen Mutter stehen, zugeben müssen, daß er ein Versager war. Erbarmungslos hätte sie es ihm an den Kopf geworfen, dieses Wort, Versager. Wie hätte er sich wehren können gegen ihre Beschimpfungen? Also Schweigen, Hoffnung auf eine letzte Chance.

«Ich habe eine Arbeit, Kinder», sagte er, als er aus der Provinzstadt zurückkam, «nun kann's losgehen!» O Vater! Warum, warum bloß hast du nicht gegen uns alle rebelliert?

Der Lastwagen fuhr gen Norden. Im Fahrerraum war gerade ausreichend Platz für den Fahrer selbst und seinen Beifahrer, einen verdreckten Laufburschen, der aussah, als sei er geradewegs einem Müllhaufen entstiegen. Vielleicht gehörte er zu den unzähligen Kindern unseres Landes, die die Nächte ihrer Kindheit im Freien unter den Brücken verbringen. Er zwinkerte mal mit seinem linken, mal mit seinem rechten Auge, um mir zu sagen – mit Blicken, versteht sich –, daß ich und er... Einmal, zweimal, dreimal... Ich fragte mich, womit ich das verdient hatte. Ich hatte ganz andere Dinge im Kopf, aber dieses Augenzwinkern, nein, er hörte nicht auf, lächelte unter seinen ersten Bartstoppeln auf der Oberlippe, dachte wahrscheinlich, wenn schon sein Augenzwinkern nichts half, könnte er mich mit seinem unwiderstehlichen Lächeln schwach machen. Dieser immer breiter werdende Mund und die ständig dazu zwinkernden Augen versetzten mich in Wut, ich schrie ihn an, mit ausgespreizten Armen, ich stand da und zitterte vor Zorn: «Na, was ist, sag schon, was, was, was willst du?...» Und schon verschwand er, hinter den Bäumen, um zu pissen. Während der ganzen weiteren Fahrt sah ich nur noch seinen Rücken, ich war sicher die erste Frau in seinem Leben, die er innerlich «diese verfluchte Hexe» genannt und verwünscht hatte: «Möge Gott mich keine Manneslieb kosten lassen!»

Mutter saß vermummt zwischen den Ballen und den klappernden Töpfen mit ihrer Gebetsmühle wie in einem Schützengraben. Vater hatte sich ebenfalls hinter den Säcken verschanzt, nachdem er noch im letzten Augenblick ein paar Gläser eines guten Tropfens in sich hineingegossen, und, um seine Schuldgefühle zu verbergen, über seinen Rheumatismus geklagt hatte. Er würde daran zugrunde gehen, meinte er. Ich weiß nicht, wo du, Schwester, und unser Bruder wart, sicher in unserer Nähe auf dem Lastwagen, doch ich habe euch nicht wahrgenommen. Ich stand in meinem neuen Kleid aufrecht am hinteren Ende des Wagens, der Wind wehte durch meine schulterlangen Haare, er wirbelte meinen Rock in die Höhe, den ich kaum festhalten konnte. Ich wollte mich nicht verschanzen, ich wollte diese verdammte Stadt aufrecht verlassen, noch die letzten Blicke auf diesen Haufen Elend werfen, von dem ich mich gerade befreite. Sollten andere verrecken, ich ging weg mit erhobenem Haupt, adieu, du ewiger Friedhof, mich siehst du so bald nicht wieder, mich nicht. Ich stand da wie die Jungfrau von Orleans, dann fing ich an, leise ein Lied zu summen, bald überfiel mich auch die Trauer in Gedanken. Was, wenn alle meine Träume Träume bleiben und nichts davon wahr werden würde? Der Wind wehte vom Norden.

Der Lastwagen holperte unaufhaltsam durch die Steppe. Von weitem sahen wir Herden an Berghängen weiden, alles war weit, unendlich weit von uns weg, die Stadt der Vergangenheit, die wir verließen, und die Stadt, die unsere Zukunft und die Ungewißheit in sich barg. Eine gelbe Landschaft in ihrer Unendlichkeit und Freiheit breitete sich vor uns aus, und dann umrahmten uns Berge, plötzlich Schluchten, Kurven, mir wurde übel. Ja, ich liebte schon damals die Heldenhaftigkeit, nur bekam sie mir nicht gut, nun wußte ich, warum sich alle in der Familie in geschützte Ecken des

Karrens geduckt hatten: «Man darf die Kurven nicht ansehen, man muß die Augen verschließen vor allen Kurven, dann kommst du davon, brav sein, sich ducken, und noch etwas, der Wind, laß ihn vorbeiwehen, halt nicht den Kopf in den Wind! Brav sein, sich dukken ist immer besser als...» Das waren die Ratschläge der Mutter vor der Abfahrt gewesen. Nein, diese weisen Sprüche der Erwachsenen haben mich nicht belehrt, nichts hasse ich mehr als die Bravheit in der Welt, nach wie vor, noch heute.

Bald sah man die ersten Lehmhütten, die Notquartiere der Vororte unsrer zukünftigen Stadt. «Bald sind wir da», kündigte Vater an, aufgewacht aus seinem Schlummer, «das ist schon die Löwenkasernenstraße, und hinten, wo die Häuser anfangen, da ist auch unsere Wohnung, ja, dort ist sie.» Welche Uhrzeit war es? Das Licht einer undefinierbaren Zeit, war es Morgen, war es Abend? Kein Zeichen konnte uns offenbaren, um welche Zeit des Tages wir angekommen waren; auch die Menschen bewegten sich nicht, wie sich Menschen normalerweise zu bestimmten Stunden, in bestimmten Rhythmen bewegten. Wo wir herkamen, da hastete man morgens im Halbschlaf zur Arbeit, mittags zum Gebet, dann gab es die Mittagsruhe, in der alles sich still schlafen legte. Männer, ihre Schiebermützen übers Gesicht gezogen, im kühlen Schatten, Frauen in ihren Gemächern, hinter zugezogenen Vorhängen, die Fensterläden geschlossen. Mit dem ersten Nachmittagsschatten bewegte sich dann das stillgelegte Leben wieder, und gegen Abend eilten die Männer in Richtung ihrer Häuser, Frauen hantierten, je nach ihrem Stand, mit Pfannen und Töpfen, auf die Straßen wehte dann der Essensduft aus den Höfen und Küchenfenstern. Es war schon immer so gewesen und nie anders. Nun waren das Licht und der Rhythmus der Stunde verwirrt, es war keine Hast, aber auch keine Ruhe. Die Stille war keine Stille, die Bewegung war die einer Schildkröte, müde, gelähmt. Die einzige Bewegung weit und breit schien die unseres Möbelkarrens zu sein. Nun, selbst er stand im Augenblick still, vor unserer zukünftigen Wohnung, die in der zweiten Etage eines recht unstabil wirkenden Hauses lag.

Als erstes befestigten wir die Vorhänge an den Fenstern, die auf die Hauptstraße schauten, kaum Frauen, nur einige Männer blickten mit suchenden Augen zu uns herauf. Was suchen sie? Was sind das für Blicke? fragte ich mich, während wir die Möbel durch das schmale Treppenhaus trugen: eine Bruchbude, sicher mit Bauresten gebaut. Wir richteten die Wohnung mit den vorhandenen Gegenständen ein, doch wohnlich wurde sie nie, es war von Anfang an ein Provisorium, und dies sollte bis zu unserem Auszug so bleiben. Mutter dachte nicht daran, etwas auszubessern in dieser Wohnung, und sie hatte ihre Gründe. Da kam dann auch schon die Wirtin, um uns zu begrüßen; aufgegangen wie ein Hefeteig, stand sie da, ihr Ausschnitt reichte fast bis zu ihren Brustwarzen, die Haare aufgetürmt, freigebig lächelnd: «Willkommen, Nachbarin», sagte sie und streckte Mutter die Hand entgegen. Mutter war es nicht gewöhnt, Fremden die Hand zu geben, «danke», entgegnete sie, ihr Gesicht verbergend, und verschwand rasch in der Wohnung. Danach hat sie nie wieder die Türschwelle übertreten, bis wir nach zwei Jahren umziehen mußten. Sie hatte einen fast tierischen Instinkt für solche Situationen, sie fühlte, daß es eine falsche Umgebung für uns war, diese Frau verkörperte und symbolisierte einen Mechanismus, der Unheil in sich verbarg, all diese Leute und auch diejenigen, die mit ihnen verkehrten, würden in der Hölle verbrennen. Gott würde niemals mit ihnen Erbarmen haben.

Und so begann in diesen vier Wänden ihr Kampf gegen unseren Vater erneut, sie pochte Tag für Tag darauf, daß wir schleunigst von hier fort müßten. Sie behauptete, dieses ganze Haus sei ein illegaler Puff, und sie behielt recht damit. Ihre Meinung verstärkte sich mit jedem Tag. Wochenlang beobachtete sie durch das Schlüsselloch die Leute, die durch das Treppenhaus in die höheren Etagen hinaufstiegen, durch die Gardinenspalte sah sie Szenen, die zu beschreiben sie ihre Zunge nicht beschmutzen wollte. Geräusche und Gelächter hatte sie aus den oberen Stockwerken gehört, Gestöhne und Geschreie, die sie in der morgendlichen Stille, während sie ihr Morgengebet verrichtete, erschreckten und ihr die Ruhe raubten. Es war höchst gefährlich, in diesem Hause auch nur einen einzigen Tag zu verbringen. Kein Wunder, daß die Männer von der Straße dieses

Haus und alle weiblichen Personen, die dort ein und aus gingen, als käuflich betrachteten, ihre Augen von unseren Fenstern nicht abwandten, glaubten, es seien mit uns Neue dazugekommen.

Vater hatte die Wohnung gemietet, er allein trug also die Verantwortung, er mußte gewußt haben, wohin er uns führte, oder war er blind, wollte er gar unserer Mutter weismachen, er hätte das alles vorher nicht gesehen? Ja, er wußte, gestand er. Nur, das war nun mal das Preisgünstigste, etwas anderes habe er sich nicht leisten können. Sollte er in den nobelsten Vierteln eine Marmor- und Messingvilla mieten? Von welchem Geld? Nun konnte er sein Elend nicht mehr für sich behalten. Er erzählte uns, daß er seit Monaten ohne Arbeit war und uns etwas vorgemacht hatte, wenn er im Morgengrauen das Haus verließ und in der Dunkelheit mit zusammengezogenen Schultern müde heimkehrte, damit wir glaubten, er sei bei der Arbeit gewesen. Die Tüten wurden auf dem Wochenendmarkt von dem Erlös unseres Hauses gefüllt, und bald war auch der Boden dieses Kruges zu sehen, es konnte nicht mehr lange dauern, bis wir die Miete nicht mehr zahlen konnten. Mutter geriet außer sich, schlug die Türen und Fenster, Pfannen und Töpfe flogen in die Luft, sie schrie und verwünschte die Mutter, die unseren Vater geboren hatte. Doch bald wurde sie still, denn ihr Opfer war seit Tagen verschwunden, er hatte kein Geld hinterlassen, keine Adresse, nichts. Sie schickte mich, um auszukundschaften, wo Vater steckte. Ich suchte ihn erst in den Läden unserer Onkel, dann in verschiedenen Männercafés der Umgebung. Vergebens. Am dritten Tag fand ich ihn schließlich am Grab unserer Schwester. Ich brachte ihn heim, ich wusch ihm sein Gesicht und legte ihn in Kleidern ins Bett, deckte ihn zu, flehte Mutter an, sie möge ihn ein paar Tage in Ruhe lassen, ihm eine Chance geben, ein Mensch zu sein.

Eines Tages schickte Mutter mich zu der Wirtin, um ein Fläschchen Petroleum auszuleihen, damit wir die nächsten Abende nicht in völliger Finsternis verbringen mußten. Unsere Elektrizität war ausgeschaltet, da die Rechnung seit zwei Monaten nicht bezahlt war. In solch einer Situation war Mutter flexibel genug, um ihre Ablehnung zu überwinden. Prompt bekam ich eine Riesenflasche Petroleum und wurde von der ganzen Familie der Wirtin in die Wohnung gebeten, während die Flasche umgefüllt wurde. Sie waren fröhlich, das Radio spielte, ein junges Mädchen – ich nahm an, die Tochter des Hauses – schmuste mit einem Mann mittleren Alters. Die Vorhänge waren nicht, wie in unserem Kloster, dicht zugezogen, nichts war so stumm und grau wie in unseren vier Wänden. Dann gab mir die Wirtin noch einen Topf mit Essen, sie hatte zuviel davon gekocht, es sei eine Spezialität der Gegend, nur etwas zum Probieren. «Komm bald wieder», sagte die Tochter, «ich bin auch alleine, wir könnten...». – «Dankeschön», sagte ich, «den Topf bringe ich morgen zurück.» Der Inhalt war dann unser Abendessen. Mutter sagte nichts, keine Vorwürfe, aber auch kein Freudenstrahlen. Ich verbarg meine Eindrücke in mir, ich hatte meine ersten menschlichen Erfahrungen außerhalb der Einflußsphäre meiner Mutter gemacht, in einer anderen, ganz neuen Welt. Dies war mein Geheimnis, ja, ich würde wieder nach oben gehen.

«Du bist wohl die Tochter der Neueingezogenen», sagte ein Mund voller Goldzähne spöttisch, «na ja, hoffentlich haben wir die Ehre und das Vergnügen eurer reizenden Nachbarschaft, das ist außerdem meine Tochter...» Und sie glitt seidenweich in ihren Pluderhosen das Treppenhaus hinunter und vermummte sich zuversichtlich, bevor sie noch die Türschwelle zur Straße betrat. Die Tochter küßte ihre angebliche Mutter – das kannte ich noch nicht, daß Frauen einander küßten; ich sah oft genug, daß sie einander beweinten, flüsterten mit trostverleihenden Worten, betasteten, wohl auch umarmten, aber Küsse? Nun gut, etwas Städtisches wohl. Ich staunte. Die Tochter kam die Treppen hoch. Sie mußte an mir vorbeigehen, um in ihre Wohnung zurückzukehren – ich stand noch mit meinen Fragen vor unserer geschlossenen Tür. «Gehst du noch zur Schule?» – «Ach, ich habe den Saustall an den Nagel gehängt, man lernt ja doch nur dummes Zeug dort, und ich will ohnehin bald heiraten. Da hab ich mehr vom Leben, als in grausigen Uniformen die Schulbank zu drücken...» Was für ein Wortschwall, dachte ich, wußte sie, wovon sie redete? Oh, meine heilige Schule! Warum sagt sie mir das alles? Mich kennt sie doch gar nicht. Das scheint wohl der übliche Umgang in diesem Milieu zu sein, dachte ich, und ich sagte: «Ja, ich gehe noch zur Schule, ins Gymnasium, ich will Anwältin werden.» – «Hahaha..., daß ich nicht lache, du und Anwältin?» spottete sie, ihre Hände in die Hüften gestemmt. Mutter hatte uns gehört und öffnete die Wohnungstür. Sofort sprang ich in die Wohnung hinein und knallte die Tür gleich wieder ins Schloß, ins Gesicht der Tochter der Frau mit den Goldzähnen.

Diese neue Bekanntschaft war nun überhaupt nicht nach meinem Geschmack. Diese Frau und ihre Tochter, sie gehörten zu einem anderen Menschenschlag. Schon körperlich waren sie, Mutter wie Tochter, nicht aus der Erde Zentralanatoliens. Ich kannte viele Frauen, die nach Erst- und Fehlgeburten in die Breite gingen, aber derart korpulente Frauen hatte ich noch nicht gesehen. Breit wie zwei uralte Bäume waren sie, mit Händen wie Krokodiltatzen und Gesichtern wie zwei Bratpfannen; die Augen waren eine Mischung aus Wasserblau bis Grau, und eine helle, gar milchweiße Haut hatten sie, sie glänzten. Dazu der Duft, den diese Frau um sich verbreitete. Zu Frauen mit Goldzähnen hatte ich bislang kein gutes Verhältnis gehabt, wenn dann noch all diese Eigenschaften dazukamen, so mußten es höchst suspekte Wesen sein, die mich da im Treppenhaus beehrt hatten. Sollte Mutter doch recht gehabt haben? Von da an mied ich die Begegnung mit dieser letzten Bekanntschaft aus dem Treppenhaus. Ich lauschte in den darauffolgenden Wochen, bevor ich unsere Wohnung verließ, was sich im Treppenhaus tat: Schritte, Stimmen, Gelächter, sicher auch einiges davon an uns und unsere keusche Lebensführung gerichtet. Ich blieb hinter der Tür stehen, bis die Luft rein war, bevor ich die Wohnung verließ.

Seit Vaters Geständnis über seine Mißerfolge bei der Arbeitssuche blieb er nun immer häufiger daheim, verbrachte ganze Tage auf dem Bodenkissen am Fenster, betrachtete tagein, tagaus in Todesstille durch die winzigen Spalten des Vorhangs das Leben draußen. Mit jedem Blick und dem Gefühl, versagt zu haben, wurde sein Herz schwerer, er nahm seit einiger Zeit nichts mehr zu sich, die letzte Kraft in seinen müden Beinen verwendete er dazu, zum nächsten Kiosk zu laufen und sich zu betrinken. Trotz des Pfefferminzblattes, das zum Nachweis seiner Nüchternheit allzeit in seiner Jackentasche versteckt war, konnte er seinen Alkoholgeruch nicht verbergen. Wenn er vom Kiosk zurückkam, suchte er in seinem Bett Zuflucht, zog die Decke über den Kopf, die übrige Welt hätte untergehen können, für ihn war sie heil. Er schnarchte schon.

Gibt es die Ruhe in der Unruhe? Ich glaube, dies ist die richtige Bezeichnung für unsere damalige Stimmung, es war etwas Ruhiges neben dem ständig lauernden Gefühl: jeden Augenblick explodiert es. Würde Mutter damit beginnen, Vater die Decke vom Kopf zu ziehen, ihm ein Höllentheater zu machen, weil er trank, weil zu Hause alles zur Neige ging, vom Salz bis zum Mehl, kein Geld da war für die Miete, die Elektrizität und weil sie dieses verdammte Hurenhaus haßte? Oder würde Vater plötzlich aus seinem Wolfsschlaf aufstehen und alles kurz und klein schlagen, aus Verzweiflung, Unfähigkeit, nichts anderes tun zu können? Verzweiflung, Haß, ja, Haß, daß er uns vier am Halse hatte, die zu ernähren seine Pflicht war, was ihn mit zunehmendem Alter immer schwerer belastete; vier erwachsene Mäuler, die immerzu hungrig waren. Er wollte uns schon lange nicht mehr ernähren. Hätte er einen Weg gefunden, die Tür für immer hinter sich zuzuschlagen, uns nie mehr ins Angesicht schauen zu müssen, ohne Gewissensbisse sagen zu können, ich kann nicht mehr, ich will nicht mehr, hätte er versucht, ohne mich zu überleben, er wäre vielleicht der glücklichste Mensch der Erde gewesen. Doch auch dazu gehörte Mut und vor allem Selbstliebe.

Wir hörten oft genug von Vätern, die aus den gleichen Ursachen kapituliert hatten, für immer verschwunden waren. Tag für Tag standen Vermißtenanzeigen in den Zeitungen, Bittappelle von verlassenen Kindern: «Vater, komm bitte zurück, unsere Mutter ist aus Sorge um dich bettlägerig geworden, dein Heim und deine Kinder warten auf dich, die Augen deiner acht Kinder sind auf dich gerichtet, komm heim, unser Leben ist ohne dich eine einzige Hölle, deine dich liebenden Kinder!» Warf er sich ins Meer, hängte er sich auf, schnitt er seine Adern durch? Wenn nicht, hätte dieser Vater zu seinen Kindern zurückkommen können? Selbst wenn er am Leben geblieben wäre? Und passierte nicht mit den Müttern dasselbe? Mit Frauen, die ihren Körper für ein Stück Brot und zwei Fleischbällchen in für eine Stunde geliehenen Wohnungen hergaben, nicht aus Liebe mit einem Mann flohen, nein, aus purem Überlebenswillen und um dem Hunger zu entgehen! Wie ein Stück Dreck ließen sie sich behandeln, ausgeliefert der Willkür der Zuhälter und Zuhälterinnen, die sie in Hunger und Not von der Straße aufgelesen hatten.

Vielleicht hatten wir noch nicht diese Grenze der Not erreicht, zum Glück nicht, vielleicht war die Zeit noch nicht gekommen, in der die Kabel gänzlich durchschmorten. Mutter, wohlbehütet mit den mittelmäßigen Erträgen der Mutter Erde, hatte nie das Hungermesser an der Kehle gespürt. Außerdem war sie davon überzeugt gewesen, daß ihr Vater in seinem Dienst für den Glauben den nötigen Segen ins Haus bringen würde, und in einem Haus, in dem ständig Gottes Schatten die Menschen bewachte, es die Not nie wagen würde, ihren Fuß über die Schwelle zu setzen. In solch einem heidnischen Haus aber, wie es das unsere war, kam es einem Wunder gleich, daß es um uns nicht schlimmer bestellt war. Nach Meinung der Mutter lag das sicher an ihrer und an der Gebetstüchtigkeit unserer Schwester.

Ausbruch

Die langen Sommerferien waren vorüber, die Abende wurden kühler, der Wind wirbelte den Staub durch die Türritzen, oft weckte uns sein Heulen in den Morgenstunden. Mich beunruhigte jede vergehende Stunde, da ich noch nicht meine Eintragung in eine naheliegende Schule erledigt hatte. Einen der Erziehungsberechtigten brauchte ich für die Unterschrift. Vater war nur noch selten nüchtern, und Mutters vernichtendes Geschrei klang noch vom letzten Schuljahr in meinen Ohren: «Knick deine Knie zusammen und bereite deine Aussteuer vor! Mädchen in deinem Alter gehören nirgendwohin als in die häuslichen vier Wände!» Von ihr hatte ich ohnehin nichts zu erhoffen, sie würde tausendmal lieber barfuß durch die Wüste nach Mekka pilgern, als mit mir den Weg zur Schule zu machen. Doch jeder vergangene Tag war ein Verlust und barg die Gefahr, die Aufnahmekontingente könnten erfüllt sein. Dann wäre es zu spät für mich, und ein Jahr säße ich dann daheim, wirklich am Rockzipfel der Mutter.

Ich biß die Lippen, kaute an den Fingernägeln, grübelte hin und her. In dieser gottverlassenen Stadt kannte ich auch niemanden, den ich bitten konnte, er möge stellvertretend für meine Eltern eine Unterschrift für meine Anmeldung geben. Er bräuchte keine Angst zu haben wegen der Verantwortung, ich würde meinen Eltern nicht verraten, wer mir diesen Gefallen getan hätte. Wäre ich einmal registriert, so wäre die Gefahr überstanden, niemand müßte niemandem Rechenschaft geben, so einfach stellte ich es mir vor. Wenn dies nicht bald geschähe, würde ich stillschweigend zu Hause bleiben müssen. Die fünfjährige Schulpflicht hatte ich hinter mir, keine Behörde würde meine Eltern zur Rechenschaft ziehen können. Ich würde dasitzen, Jahre absitzen, und am Ende würde das gleiche mit mir geschehen wie mit Millionen anderer Mädchen: heiraten, einen mittellosen, jungen Rekruten, der mich womöglich auf der Straße sehen, meine ernsten, geraden Blicke bemerken würde. Das Mädchen besitzt die Würde, meine Frau zu werden. Er würde mich bis nach Haus verfolgen, dann – der Ärmste – seine alte Mutter aus der fernen Heimat kommen lassen, und damit wäre es auch schon um mich geschehen. Wenn es wenigstens jemand aus einer anderen Stadt wäre! Schlimmer stünde es um mich, wenn irgendein Geselle aus der Kupfergießergasse dahergelaufen käme, und der Gestank, aus dem Mund, von seinen Füßen, wer weiß woher sonst... Dann würde ich sicher in jedem Frühling schwanger werden. Lieber lebendig begraben sein als mich diesem Schicksal geschlagen geben. Ich zog los. Jetzt, in die Schlacht fürs Leben. Jetzt oder nie. Wie sich für jeden von uns solche Entscheidungen mehr als einmal im Leben stellen. Wohin ziehen? Welche Schlacht?

«Eine Gottesstrafe, hier im Betonzimmer meine Tage zu zählen», stöhnte eine junge, recht gut aussehende Frau und paffte zügellos an ihrer langen amerikanischen Zigarette, «meine Freunde liegen jetzt schön am Strand und genießen ihr Leben. Wenn es nach mir ginge, würde ich keinen Augenblick länger in dieser Stadt bleiben.» Sie drehte sich zu mir und fragte: «Was willst du denn, Mädchen?» Der Verwaltungsangestellte saß an seinem Schreibtisch, seinen Blick auf die junge Frau gerichtet, als wolle er sie damit verschlingen. «Ich wollte mich lediglich erkundigen, ob die Zeit vorüber ist?» antwortete ich schüchtern, «ich meine nämlich, ich will noch zur Schule, und ich weiß nicht, ob...?» – «Nun komm mal her, Mädchen, setz dich hin, sag mal, hast du keine Eltern...?» nahm sich die junge Frau meiner an. «Nein», sagte ich, «ich bin Waise, Mutter ist tot, Vater verschollen! Und ich will zur Schule! Und meine Großmutter, Sie wissen doch, mit den Großmüttern, sie ist zu dick und ist noch nie in einen Bus gestiegen, ihre Füße sind ständig geschwollen, sie kann nicht laufen, selbst wenn sie sich mit mir auf den Weg zur Schule machen wollte, hätte es wohl keinen Sinn, denn sie kann nicht lesen und schreiben, und ich habe doch keinen Menschen, und ich will doch Anwältin werden...!» Ich weiß wirklich nicht mehr, was ich noch alles erzählt habe, dort im Stegreif phantasiert, gelogen, erfunden, wer weiß was noch.

Zwei dicke Tränen standen in den Augen der jungen Frau. Vielleicht fand sie ihre Kindheit und ihr Schicksal in mir wieder. «Was magst du trinken?» fragte sie mich. «Wasser, nur reines Wasser, bitte sehr», sagte ich. Ich war erleichtert, ich wußte, ich hatte die beiden dahin gebracht, mir zu helfen. Ohne jede Scheu, rücksichtslos, ohne Erbarmen hatte ich gelogen. Nun, wer hatte Erbarmen mit mir? Ich erfuhr, daß die junge Frau mit den langen Ohrringen, dem kurzgeschnittenen Haar und den dunklen Augen, den rotlackierten Fingernägeln meine spätere Sportlehrerin sein würde. Sie erklärte sich bereit, die Elternvertretung in der Schule auf sich zu nehmen. Damit würde mein Stellenwert unter den Schülerinnen über Nacht gestiegen sein, wer hat schon sonst eine Lehrerin an derselben Mädchenschule als Elternvertretung und Erziehungsberechtigte, dachte ich. Ich würde zu den privilegierten Kindern unserer Stadt gehören, und ich würde schon aufpassen, daß ich dabei nicht auffiele. Ich traute mir schon zu, die richtige Mischung von Ergebenheit, Respekt und Arroganz zu finden. «Ja, meine Lehrerin, morgen bringe ich die Paßfotos und mein Grundschulabschlußzeugnis, wann darf ich bitte kommen?...» Ehrerbietig küßte ich ihr die Hand, und mit einer tiefen Verbeugung verabschiedete ich mich von den beiden und verließ rückwärts das Verwaltungszimmer.

Das beflügelte Gefühl des Freifliegens, das ich in diesem Augenblick hatte, habe ich in der Intensität nie mehr erlebt. Es war viel zu leicht verdient, ohne die Überlegung, was hinterher sein würde. Welche Sanktionen von den Eltern, aber auch von der jungen Lehrerin auf mich zukommen würden, wenn herauskäme, was ich getan hatte und wie eigentlich die Wahrheit aussah, nein, daran habe ich nicht gedacht.

Was hatte ich gerade getan? Warum hatte ich es getan? Ich wußte, ich war im Recht, zumindest von meinem Standpunkt aus, es durfte nichts mehr schiefgehen. Und ich hatte niemandem Unrecht getan, warum sollte etwas, was für viele selbstverständlich war, für mich nicht möglich sein? Ja, das war der Gedanke, der mir Kraft gab, mir die Überzeugung gab, daß das, was ich tat, legitim war. Hatte ich gelogen? Ja, ich selbst fand es abscheulich, daß ich alle Beteiligten auf diese Weise überrumpelt hatte. Aber warum taten sie das, warum nahmen sie mir die Luft zum Atmen, so daß ich, um nicht zu ersticken, so etwas Schreckliches tun, lügen mußte? Wo ich das Lügen doch so sehr haßte, weil ich bei den Erwachsenen sah, was es anrichten konnte. Doch meine Eltern hatten nichts Besseres verdient, und die junge Frau, ich weiß nicht, ob sie mich nicht von der Türschwelle weggeschickt hätte, damit ich erst meine Eltern holte, wenn ich mich nicht als Waise ausgegeben hätte.

An diesem Tag wurde ich an der Schule registriert, die junge Frau gab ihre Unterschrift, und damit übernahm sie jegliche Verantwortung über mich in meinen schulischen Angelegenheiten. Ein Traum war Wirklichkeit geworden. Einen Augenblick lang schien es dennoch, als würde dieses Kartenhaus des Glücks zusammenbrechen. Als sie sagte, die Schule benötige eine Armenbescheinigung von der Bezirksverwaltung oder einen Waisenschein, damit ich den Stoff für die Schuluniform und die Schulbücher umsonst bekäme, zögerte ich mit einem weiteren Schritt der Lüge. Ich begann zu weinen – dies waren echte Verzweiflungstränen –, und ich wußte, es ist aus. Ich überlegte, wie ich mich am besten aus dem Staub machen könnte. Doch im selben Augenblick sagte ich mir, nein, du bleibst hier und erzählst am besten die ganze Wahrheit, geschehe was wolle. Lügen kommen eben doch früher oder später heraus; hierbleiben, umbringen werden sie dich schon nicht... Aber einige Ohrfeigen müßte ich wahrscheinlich doch in Kauf nehmen.

Meine Tränen, mein Schluchzen und mein Selbstmitleid hatten mich so überwältigt, daß man Mühe haben mußte, meine Worte zu verstehen. Meine Nase lief. «Meine Eltern sind gar nicht tot», brachte ich hilfesuchend hervor, «aber um mich ist es schlimmer bestellt, alles, was ich will, ist, zur Schule zu gehen, so zu werden wie Sie, meine Lehrerin, ich will Anwältin werden, und niemand will mir dabei helfen.» Man zeigte mir den Weg zur Schülerinnentoilette, ich wusch mein Gesicht und kehrte zurück, ohne erraten zu können, was nun auf mich zukommen würde. Als ich die Treppen hinabstieg, überlegte ich, ob es nicht doch das beste sei, stillschweigend zu verschwinden, dieses Verwaltungszimmer nicht mehr zu betreten. Doch nein, nur noch diesen einen Schritt, dachte ich und hatte das Gefühl, das Schlimmste sei überstanden. So war es auch. Der Verwaltungsbeamte und die junge Lehrerin müssen in meiner kurzen Abwesenheit überlegt und beraten und beschlossen haben darüber – ihr Flüstern hörte schlagartig auf, als ich wieder an der Türschwelle stand –, daß alles so bleiben könne. In vierzehn Tagen sollte ich den Stoff für meine Uniform holen, und wenn die Ferien zu Ende seien, würden die Schulbücher und weitere Utensilien für die armen Kinder verteilt werden. «Nun geh heim und melde dich am ersten Schultag bei mir», sagte die junge Frau.

Der Triumph, an meinem hochheiligen Ziel angekommen zu sein, wurde nun überwogen von der Freude, daß ich es mit der Wahrheit erreicht hatte. Die schwere Last der Lüge war von meinem Herzen gefallen, ich war erleichtert, daß das Versteckspielen nun hinter mir lag. Von der Schule aus hatte ich nichts mehr zu befürchten, nur zu Hause würde noch einiges auf mich zukommen. Die Frage war, ob ich gleich darüber berichten sollte, was ich unternommen hatte, oder ob ich doch noch etwas warten sollte, bis ein günstiger Augenblick käme. Darüber grübelte ich auf dem Heimweg, malte mir die unterschiedlichsten Szenen aus, stellte meine Figuren auf die Bühne, wechselte ihre Rollen, ließ sie streiten, Gewalt, Tränen, Worte fielen wie Steine vom Himmel; und dann Vorhang auf: Ich stand vor unserer Haustür!

Die Ferien gingen vorüber, in dieser Zeit bemühte ich mich, die Familie nichts von meinen Plänen merken zu lassen. Ich hatte mir fest vorgenommen, daß ich mich nicht einschüchtern lassen würde. Würde ich mit Mutter in Konflikt geraten, dann würde ich selbst ihr die junge Lehrerin gegenüberzustellen versuchen, damit sie, immerhin eine behördliche Autorität, Mutter mit überzeugenden Worten von ihrem Starrsinn abbringen würde. Und so geschah es auch, genau wie ich vermutet hatte.

Etwa drei Wochen später begann die Schule. Ich hatte den Stoff für die Schuluniform umsonst von der jungen Lehrerin ausgehändigt bekommen. Wenn jetzt bloß die gute Sultan, die Seidenraupenzüchterin, hier wäre, sie würde mir helfen, meine Uniform zu nähen, alleine wagte ich es doch nicht. In Gedanken war ich bestimmt schon dreißigmal mit der Frage oben bei unserer Wirtin gewesen, ob sie mir nicht helfen könnte, den Stoff zuzuschneiden. Doch ich zögerte noch. Unsere Familie bloßzustellen wäre gegen meine eigene Würde gewesen. Verständnis für meine Situation müßte aber doch eigentlich jeder haben, der einen Schimmer von Vernunft besaß. Noch einmal Mut fassen, dachte ich, und schon stand ich vor der Tür der Wirtin. «Komm doch herein, Mädchen, das ist ja schön, daß wenigstens du von euch zu uns kommst, wir essen gerade, komm, setz dich zu uns...!» – «Sie müssen allerdings zuerst wissen, daß niemand von meinem Besuch Bescheid weiß», sagte ich voreilig. «Nanu, ist etwas Schlimmes passiert, aber erzähl uns das später, komm, iß erst einmal etwas!» entgegnete die Wirtin beruhigend.

Ich habe mit ihnen gegessen, seit langem schmeckte mir das Essen einmal wieder, diese Gerichte, eines köstlicher als das andere, vielfältig und mit mehreren Gängen. Auch sie aßen auf dem Boden, aus ein und derselben Schüssel, mit viel Spaß und Appetit, während bei unseren Mahlzeiten seit Jahren eine Stimmung wie beim Totenmahl herrschte. Nach dem Essen verschwand die Tochter in der Küche, um zu spülen. Inzwischen hatten wir erfahren, daß die Wirtin mit ihrem eigenen Schwager in wilder Ehe lebte, nachdem ihr Mann vor einiger Zeit ermordet worden war, die Mörder waren unbekannt geblieben. Es gab Gerüchte, daß sie und der Schwager den Ehemann ermordet hatten. Das kümmerte mich nicht, dieser Mann war sehr freundlich zu mir, nach dem Essen verabschiedete er sich mit einem Zahnstocher zwischen den Zähnen und einer Zigarette in der Hand, ging zum nächsten Caféhaus, und ich blieb mit der Wirtin zusammen, um ihr mein Anliegen vorzutragen. Sie nahm meine Maße und sagte, ich solle die Uniform in drei Tagen abholen. Ohne Gegenleistung, es wurde kein Wort darüber verloren. Ich war glücklich, in diesem Augenblick wollte ich nichts als diesen glücklichen Zustand genießen. Bisher war alles gutgegangen, viel zu gut.

Die Schule begann, alles ging reibungslos. Meine Sportlehrerin hatte bei Mutter einen ausgesprochen guten, zuverlässigen Eindruck hinterlassen, sie hatte Mutter zu nehmen gewußt, mit ihrer Frömmigkeit den richtigen respektvollen Umgang gefunden, zum Abschied hatte sie sogar aus purer Ehrerbietigkeit ihre Hand geküßt und gesagt: «Schließen Sie mich bitte in Ihre Gebete ein, auch meine Mutter hat mich mit viel Gebet großgezogen...» Ja, das war es. Mutter hatte Vertrauen gefaßt, sie ließ mich von nun an gewähren, und ich hatte für alles, was ich auch außerhalb der Schule unternahm, ein festes, unzweifelhaftes Alibi.

Bereits in der siebten Klasse gab ich meine ersten Nachhilfestunden in Französisch und türkischer Literaturkunde, womit ich mir mein Taschengeld verdiente. So konnte ich mir hin und wieder einen kleinen, bescheidenen Wunsch erfüllen. Seit Schulbeginn besuchte ich regelmäßig nachmittags die Stadtbücherei, lieh Bücher aus, traf mich dort mit meinen Klassenkameraden, vertiefte mich in Tageszeitungen. In der Schule fiel ich binnen kurzer Zeit durch meine Stimme und mein literarisch-musisches Talent auf, wurde bei allen schulischen Aktivitäten von meinen Lehrerinnen eingespannt. Schon bald übernahm ich die Leitung des Schulchors und des Schultheaters. Meine Fähigkeiten in naturwissenschaftlichen Fächern waren leider mehr als erbärmlich, ich begriff einfach keine Theorien. So schrieb ich, wenn es not tat, von der Nachbarin ab. Durch meine Begabungen und meinen Einsatz in anderen Bereichen war es mir aber möglich, viel Sympathie bei den Lehrern zu ernten. So waren sie nachsichtig mit mir, und ich versprach ihnen, mich im nächsten Schuljahr zu verbessern. Doch mir fehlte jegliches Grundwissen in Physik, Chemie und Algebra. Die Hausarbeiten und die Tests in diesen Fächern waren Alpträume für mich, in den Nächten davor war an Schlaf nicht zu denken. Ich konnte einfach nicht mehr nachholen, was ich verpaßt hatte, doch ich wollte nicht, daß meine Lehrer ständig ein Auge zudrückten, ich mußte verdient haben, was ich bekam. Dennoch kam ich gut davon.

Schon in der Grundschule hatte ich manchen Lehrer zum Weinen gebracht, wenn ich am 10. November, dem Todesgedenktag von Kemal Atatürk, dem Vater der Türken, meine Gedichte mit Inbrunst und ganzer Seele vor der versammelten Schülerschaft vortrug und selbst dabei zu Tränen gerührt war. Später trug ich patriotische Gedichte bei den Gründungsfeiern unserer Republik auf den Paradeplätzen vor unserer Stadt vor. Tausende applaudierten mir, stolz bebte meine Brust für unser Vaterland unter der Halbmondfahne. Ich sang für die Erwachsenen, bei Abschlußfeiern und auf Geburtstagsparties unserer Lehrerinnen. In der Schule sang ich in den Pausen die Lieblingslieder meiner Klassenkameradinnen. Die traurigsten und auch die neuesten brachte ich selbst ein. Durch jene Lieder lernte ich, was Liebe war, daß sie tödliche Schmerzen hinterlassen konnte. Geschichten darüber hörten wir ja genug, nicht nur in Tausendundeiner Nacht. Oft genug geschah es in unserer unmittelbaren Nähe, daß junge Menschen aus Liebe in Hoffnungslosigkeit gerieten und sich das Leben nahmen.

Mein Mathelehrer, der gleichzeitig auch Musik unterrichtete, wurde auf mein musikalisches Talent aufmerksam. Er begann, mir klassischen Gesangsunterricht zu geben. Da stand dieser alte Mann mit seiner Geige in mancher schulfreien Stunde im Musikraum, formte meine Stimme, sensibilisierte mein Ohr, übte mit mir hochanspruchsvolle klassische Lieder. Er wischte sich den Schweiß von der Stirn, wenn es mir zuviel wurde, und erweckte in mir neue Hoffnungen. Ich solle unbedingt Musik studieren, meinte er, ich bräuchte nur etwas mehr Disziplin und Sitzfleisch: «Nicht jedem gibt Gott solch eine Gabe, du erkennst deinen eigenen Wert nicht, Mädchen, du wirst sehen, später wirst du mir dankbar sein, nun, wiederhole die zweite Strophe.»

Oh, wie habe ich meine Lehrer geliebt, wie habe ich sie angehimmelt, jene Frauen mit den geschmeidigen Schritten, den feinen Händen, und jedes Wort, das sie sprachen, war wie eine Weisheit für mich. Kaum eine Schülerin konnte dieses Dasein so sehr genießen wie ich, für mich war es keine Pflicht, zur Schule zu gehen. Ich fand in der Schule mich selbst, nur dort kam ich auf meine Kosten, in der Schule entstanden so viele Hoffnungen, nur für mich, für meine Zukunft.

Ich begann von den Frühlingsmonaten an bis in den Spätherbst in den Schulferien, an schulfreien Nachmittagen und an Wochenenden Touristen durch die Stadt zu führen. Ich zeigte den naiven Europäern die Sehenswürdigkeiten und begeisterte sie mit meinem Schulfranzösisch. Nicht selten kam ich mit Geldscheinen, zwei oder drei Brotlaibe unter den Arm geklemmt, nach Hause. Hin und wieder brachte ich die eine oder andere Französin mit, die gern einmal einen türkischen Haushalt von innen gesehen und ein paar «femmes d'origine» – einheimische Frauen in ihrer Tracht – fotografiert hätte. Mit der Zeit fand sogar Mutter Gefallen an diesen fremdartigen, aber netten, doch wirklich netten heidnischen Frauen. Sie machten einen anständigen Eindruck, «die sind ja gar nicht so, wie wir uns Christen vorstellen», meinte sie, «wenn sie sich bloß etwas mehr bedeckten und unter den Achseln rasierten!»

Inzwischen waren wir aus dem berüchtigten Haus ausgezogen, das Leben dort war nicht mehr auszuhalten gewesen, und Mutter hatte durch ihre Betschwestern eine preisgünstige Kellerwohnung mitten in der Stadt vermittelt bekommen. In der letzten Zeit war ich sogar von irgendwelchen Jungen verfolgt und auf offener Straße angesprochen worden: «Na, tu doch nicht so unschuldig, Mädchen, ich weiß doch, wo du wohnst!...» Ich war gerade in einem kleinen Lebensmittelladen, um ein paar Kleinigkeiten zu besorgen. Ein junger Mann, lässig an die Tür gelehnt, hörte nicht auf, mich mit solchen Sprüchen zu provozieren. Ich bemühte mich, ihn zu überhören, wollte schnell meine Sachen zusammenpacken und mit ernster Miene geschwind nach Hause gehen. Der Ladenbesitzer kannte mich von meinen Einkäufen und behandelte mich immer korrekt und freundlich. Obwohl nie private Gespräche zwischen uns stattgefunden hatten, ergriff er das Wort und wandte sich an den jungen Mann an der Tür, er solle mich in Ruhe lassen. «Ach, du willst sie für dich haben, Alter, jetzt verstehe ich, wie der Hase läuft...» Ich glaube, der junge Mann war noch nicht mit seinen Worten fertig, da rutschte mir, ich weiß nicht mehr wie, das volle Einkaufsnetz aus der Hand, ich schlug ihn, einmal, zweimal, dreimal... Er rannte rückwärts hinaus, ohne begriffen zu haben, was ihm soeben widerfahren war. Der Ladenbesitzer lobte mich und bedauerte, daß er nicht auch solch eine Tochter hatte. Wir sammelten den Inhalt der Einkaufstasche zusammen, ich rannte nach Hause, voller Angst, daß dieser schmierige Kerl mich verfolgen und sich rächen könnte.

Zu Hause habe ich von dem Vorfall nichts gesagt. Einige Tage später erzählte unser Vater jedoch, daß der Ladenbesitzer im Café vor den versammelten Männern davon gesprochen hätte, so etwas hätte er in dieser Straße noch nie erlebt. Gewöhnlich verdienten ja die Frauen aus diesen gewissen Häusern eine solche Behandlung, ja, sie provozierten die Männer geradezu mit ihrem auffälligen Auftreten, sie kokettierten, lächelten, hätten auch bisher nichts dagegen gehabt. «Aber die Kleine! Hoffentlich ziehen die bald weg, bevor dem Mädchen etwas zustößt.» Vater sagte stolz: «Jene Männer wußten nicht einmal, daß du meine Tochter bist, also Mädchen, ich habe mich in dir nicht geirrt, mach nur so weiter, ich weiß, daß du überall durchkommen wirst!»

Vater hatte mittlerweile wieder die Möglichkeit, in einer kleinen Bäckerei seinen alten Beruf auszuüben. Oylum besuchte eine religiöse Schule und wollte Prediger werden, du hieltest noch immer an deinem Gebetsteppich fest. Selbst nach der ersten körperlichen, geradezu gefährlichen Auseinandersetzung mit Mutter, bei der sie dir ein Messer in die rechte Hand stieß, sah man weder Schmerz noch Fluch auf deinem Gesicht. Gelassen verbandest du deine blutende Hand und zogst dich zurück, dachtest sicher, für diese Sünde wird Mutter im Jenseits brennen müssen, warst über jeden Schmerz, über jede Demütigung erhaben. Nach diesem Ereignis bekam auch Mutter Angst vor dir, vor deiner Stärke, die nur von Gott verliehen sein konnte, sie wollte nicht mehr gegen Gottes Bestimmung angehen. Sie vertiefte sich mehr und mehr in ihre religiösen Pflichten, erledigte mehr schlecht als recht den Haushalt. Gekocht wurde schon lange nicht mehr in unserem Hause, in der Kellerwohnung fehlten alle möglichen Gebrauchsgegenstände, die Wände verschimmelten, die Fenster und Türen schlossen nicht mehr richtig, die Kanalisation war in regelmäßigen Abständen verstopft.

Wie die Familie auseinanderfiel, so zerfielen und verwahrlosten auch die vier Wände, in denen wir lebten. Wir besuchten niemanden, niemand trat mehr über unsere Türschwelle. Selbst als Mutter mit den Frauen unserer Onkel Frieden, ja Freundschaft geschlossen hatte, trafen sich die Frauen überall, nur nicht in unserer Wohnung. Ohnehin gab es nichts, was wir den Gästen hätten anbieten können. Das wußten unsere Tanten, um so mehr bemühten sie sich, uns zu helfen. Sie sprachen vorsichtig mit ihren Männern über unser Elend und schickten am Opferfest einen Schenkel des geschlachteten Lammes. Sicher argumentierten sie ihren Männern gegenüber mit der Frömmigkeit unserer Familie. Mutter, Schwester und Bruder hatten denselben Weg eingeschlagen, der auf alle Fälle gut war, und solch fromme Menschen verdienten jede Hilfe. So kam es schließlich, daß Vater, nur euch zuliebe, in einer der Filzteppichwerkstätten seines fast dreißig Jahre jüngeren Stiefbruders Arbeit bekam. Er nahm die Stelle an, obgleich er wußte, daß diese Arbeit ihn langsam zugrunde richten würde.

War es die Nestwärme dieses Clans, die er noch immer suchte? Wenn seine Brüder angesehene Männer waren, dann lag dies nicht nur an ihrem Ehrgeiz und Fleiß, sondern auch an ihrem unauflöslichen Zusammenhalt. Unter den Clanführer, unserem Großvater, bildeten sie einen festen Bund gegenüber allen Konkurrenten im Geschäftsleben, was im orientalischen Handelswesen unumgänglich war. So kamen Vaters Brüder, alle jünger als er, gemeinsam hoch, und der Greis war für sie all die Jahre eine feste Mauer. Schon als Kinder steckte er die Jungen in den Laden. Wenn sie nicht dumm waren, mußten sie alle Kunst und List des Geschäftslebens bis zu ihrem achtzehnten Lebensjahr erlernen können. Dann kam für jeden männlichen Patrioten der Vaterlandsdienst, bei dem sie erst recht zu richtigen Männern geformt wurden. Wenn sie heimkehrten, waren sie reif, in ihren eigenen Geschäften Herr zu sein. Er erfüllte seine Vaterpflicht, richtete für jeden eine kleine Werkstatt ein, verheiratete sie mit frommen, ehrerbietigen jungen Frauen. Damit sie Söhne gebären sollten, schenkte er ihnen goldene Armreifen und Samtkleider.

Vor dieser Großzügigkeit des Großvaters beugten sich seine Söhne, und die Schwiegertöchter küßten seinen Rockzipfel, sprachen nur leise in seiner Gegenwart und zogen ihre Tüchter bis zur Nase, wenn er hin und wieder unangemeldet an ihre Tür klopfte. Er redete kaum, wenn überhaupt, dann über seine Geschäftserfolge. Seine Söhne bewunderten ihn dann mit hochgezogenen Augenbrauen für seine höchst erfolgreichen Geschäftsgeheimnisse, lobend nickten sie mit dem Kopf, ihre Mienen ernst, als sei gerade von wichtigen Staatsgeheimnissen die Rede. Frauen und Kinder verschwanden in der Küche und in Nebenzimmern, kicherten und flüsterten über den alten Greis. Die Kinder küßten ihm die Hand, nur um von ihm einen Groschen zu ergattern, und sobald sie aus dem Zimmer waren, übten sie, seine Stimme nachzuahmen.

Neuerdings gehörte auch ich, wenn auch nicht häufig, zu jenem Kreis von Kindern, die er seine Enkelkinder nannte. Doch ich erlaubte mir hin und wieder eine freche Bemerkung. Ich dachte mir, mich und meinen Vater dulden sie eh nur wegen unserer frommen Mutter, was kann mir schon passieren. Großvater war es von seinen übrigen Enkelkindern gar nicht gewohnt, daß sie ihm Fragen stellten oder daß sich gar ein angehendes junges Mädchen im Männerzimmer aufhielt. Doch er hat mich nicht ein einziges Mal getadelt, keine böse Bemerkung, nichts dergleichen. Ich glaube, er befürchtete, er könnte sonst außer sich geraten in seinem Zorn, die Fassung verlieren und sich vor den Augen der Kinder und Frauen blamieren. Nein, im Gegenteil, er lobte mich für meine interessanten Fragen, wußte jedoch keine Antwort darauf und meinte oft, ich sei noch viel zu jung, um diese Dinge zu verstehen. Ich solle erst einmal mit der Schule fertig werden, er sei sich sicher, aus mir würde eine großartige Frau werden, nur solle ich in Gegenwart von Erwachsenen nicht zuviel reden. Sollte der Greis doch glauben, was er wollte, ich würde seinen Ratschlägen nicht folgen. Ich wußte, daß ich von meinem Weg nicht abweichen würde, ich würde weiterreden, ich würde weitersingen.

Die französischen Touristen, die im vergangenen Sommer von meiner Fremdenführerei begeistert gewesen waren, schrieben mir Weihnachtskarten. Wenn sie wiederkämen, würden sie wieder meine Dienste in Anspruch nehmen. Sie schickten mir Erinnerungsfotos von jenen Tagen, von ihrer fernen Stadt und von ihren Familien. Ich selbst wußte zu gut, daß diese Menschen mich wegen meiner naiven, kindlichen Art liebgewannen und nicht, weil ich so gut Französisch sprach oder eine unersetzliche Stadtführerin war. Ich erzählte ihnen in gebrochenem Kauderwelsch viel über unser Leben, über unseren Alltag, über unsere Not, unverhohlen, ungeschmückt, während andere Fremdenführer, meist Studenten, in den jeweiligen Fremdsprachen fehlerfrei jede historische Chronik jedes Steins auswendig lernten, in Eile und mit wenig persönlichem Interesse abhakten, sich an junge Europäerinnen heranmachten, Devisengeschäfte betrieben. Die Europäer eröffneten mir mit jeder kleinen menschlichen Erfahrung eine neue, fremde Welt und Weltanschauung, die ich bisher nur aus meinen von Vorurteilen überladenen Schulbüchern kannte. Ich war immer für alles Neue, alles Schöne, alles Gute begeisterungsfähig gewesen. Ja, ich war stolz, ich war glücklich, und wenn ich im Klassenzimmer von meinen Erfahrungen erzählte, reagierten die jungen Schülerinnen, als käme ich aus einer fremden Welt.

Ich lebte in einer unüberwindlichen Diskrepanz zwischen meinem Elternhaus, zwischen der Schule und jenen fremden Eindrükken aus Europa. Hätte man mich damals gefragt, wo ich am liebsten leben wollte, welche Lebensform ich wählen würde, so hätte ich mich unüberlegt an eine fremde Familie angeschlossen, um der Heimat den Rücken zu kehren. Ich war entschlossen wegzugehen, weg von hier, weg von dieser Familie. Weg von dieser Stadt.

Ich machte mir damals die ersten ernsthaften Gedanken über die Liebe. Mir kam die Welt, in der ich lebte, lieblos vor, obgleich alle Welt von der Liebe redete, der Liebe zu Gott, der Liebe zu den Mitmenschen. Du sollst Erwachsene respektvoll behandeln, die Jüngeren lieben, hieß das göttliche Gebot. Liebe in den Filmen, in Liedern, in Gedichten, Liebe zu den Eltern, Liebe der Eltern zu ihren Kindern, Liebe zwischen Mann und Frau, Heimatliebe, Vaterlandsliebe, Liebe zu Büchern, zur Natur, zu Tieren, schließlich «Liebe deinen Nächsten wie dich selbst!» Wo war diese Liebe? Ich spürte ein Gefühl in mir, das wohl Liebe sein mußte. Doch längst nicht alles, was ich lieben sollte, liebte ich. Und wer liebte mich? Ich glaubte, niemand liebte mich wirklich so, wie ich die Liebe brauchte.

Als Kind behauptete ich schon in der Grundschule, daß mich niemand verstand, und mit voranschreitendem Alter wuchs mein Bedürfnis nach Liebe ins Unendliche. Ich machte auch kein Hehl daraus, anderen zu zeigen, wie sehr ich geliebt werden wollte, süchtig geradezu nach Liebe suchte. Ich beklagte mich bei den Familien meiner Freundinnen über die Lieblosigkeit meiner Familie, es ging soweit, daß ich behauptete, ich sei nur ein Adoptivkind meiner Eltern, um die Liebe fremder Menschen zu erzwingen. Ob sie wirklich an meine Geschichten glaubten, das interessierte mich wenig, Hauptsache, ich bekam in den fremden Haushalten mehr Zuwendung als in meiner eigenen Familie. Und dies war seit meinem frühen Kindesalter schon immer so gewesen. Für die Wärme und die Aufmerksamkeit, die ich von ihnen bekam, sang ich den Menschen ihre Wunschlieder vor.

In jenen Tagen, als ich über die Liebe nachdachte, wurde ich krank. Ich konnte nicht mehr singen, meine Stimme wurde von Tag zu Tag heiserer und blieb eines Tages plötzlich weg. Mutter fing an, sich geradezu verzweifelt um mich zu bemühen. Sie machte mir keinerlei Vorwürfe, nein, sie fand, daß die allgemein verwahrlosten Zustände in unserem Haus auf ihrem ach so sensiblen Töchterchen lasteten. Sie warf sich sogar selber vor, mich schon immer mehr als all ihre anderen Kinder vernachlässigt zu haben. Sie wagte es nicht laut zu sagen, aber innerlich starb sie vor Angst, daß ich Asyas Krankheit haben könnte. Niemand sprach darüber, was mit meiner Stimme sein könnte, auch ich nicht. In meiner jugendlichen Melancholie hatte ich mich längst mit dem Tod abgefunden. All die bedauernden Bemerkungen und mitleidsvollen Zeichen meiner Mitmenschen ließen meine Stimmung immer mehr in den Abgrund rutschen, so daß ich bald nur noch aus Selbstmitleid bestand. Alle meine künstlerischen Aktivitäten in der Schule schliefen ein, ich konnte meine Stimme nicht zurückzaubern. Ohne sie aber war ich nutzlos, außer acht gelassen, kaum jemand spendete mir noch Aufmerksamkeit. So streifte ich einsam im Pausenhof herum, durch die Straßen, stand vor den Schaufenstern und war für nichts mehr zu begeistern. Ich konnte keine Musik mehr ertragen, da ich selber nicht mehr singen konnte.

Nur meine Freundin Semra lenkte mich ab von meinem Leid. Sie bemitleidete mich nicht, sondern erzählte und brachte mich zum Lachen. Sie sprach über das zuletzt gelesene Buch, sammelte die Ausschnitte eines bekannten Kolumnisten einer Tageszeitung, las mir daraus vor und fragte nach meiner Meinung. Sie schwärmte von den russischen Klassikern und von der griechischen Mythologie, machte über das Gehabe der Offizierstöchter in unserer Klasse ihre spitzfindigen Witze oder machte sich lustig über unseren eintönigen Alltag und die Erziehungsvorstellungen ihrer Eltern. Ja, Semra gab mir Mut, eine winzige Prise Lebenshoffnung, in jenen kostbaren Stunden dachte ich nicht an das, worüber ich sonst in schlaflosen Nächten grübelte. Ich schlief nicht mehr, teils aus Angst, ich könnte im Schlaf ersticken, teils bemühte ich mich in langen Nächten, mich an die einzelnen Phasen von Asyas Krankheit und Tod zu erinnern. Zu gelähmt, um irgend etwas gegen meinen sich täglich verschlechternden Zustand zu unternehmen, geriet ich immer mehr in Apathie. Ich wartete auf nichts mehr, dennoch ging das Leben weiter. In der neunten Klasse meines heißgeliebten Mädchengymnasiums blieb ich sitzen.

Ohne die Abwechslung des Alltags in der Schule wurden meine Tage noch öder. Semra fuhr mit ihrer Familie ans Meer, würde den ganzen langen Sommer über wegbleiben, die Stadtbücherei schloß wegen Betriebsferien. Mir blieb nichts anderes übrig, als am Fenster zu sitzen und die Fliegen zu zählen. Vor lauter Schlaflosigkeit und Magersucht war ich nur noch ein Nervenbündel, reagierte auf harmloseste Bemerkungen gereizt. Ich wollte schlafen, niemanden sehen, nicht hören müssen, nur schlafen. Und fand doch keinen Schlaf. Was sollte ich tun? Vom eigenen Geld, das ich im Winter, vor Kälte schlotternd, durch den Verkauf von Plastikblumen, Tabak und Streichhölzern verdient und gespart hatte, besorgte ich mir in der Apotheke eine Schachtel Librium 10, um durch etwas Schlaf seelisch zur Ruhe zu kommen. Der Apotheker war ein Bekannter, der mich schätzte und nicht nach einem Rezept fragte, zum Glück nicht; er warnte mich nur vor einer Überdosis. Ich würde sein Vertrauen nie mißbrauchen, ich wollte lediglich ein paar Stunden schlafen. In der Tat wirkten diese Schlafbonbons Wunder. Schon nach der ersten Tablette mochte ich nicht mehr aufwachen, und wenn ich wach wurde, ließ die Wirkung selbst nach Stunden nicht nach, ich saß auf dem Diwan, augenreibend, und gähnte unaufhörlich. Niemand wußte, woher dieser Zustand kam. Und es fragte auch niemand danach, um mich nicht noch mehr zu reizen.

Mein Sitzenbleiben in der Schule störte Mutter nicht, so daß ich fast sagen möchte, sie sei froh darüber gewesen. Ganz anders Vater, der all seine Hoffnungen und Zukunftspläne zum Scheitern verurteilt sah und mich in stockbetrunkenem Zustand angriff, mich als Versagerin beschimpfte. Ich reagierte in meiner Apathie überhaupt nicht auf seinen Zorn. Hatte ich ihn früher mit Tränen angefleht, um ihn von meinem Standpunkt zu überzeugen, so saß ich nun lediglich da und starrte ihn an, als verstünde ich nicht, warum er sich so aufregte. Sein Zorn stieg, er schloß die beiden Türen des langen Flures zu, steckte den Schlüssel in seine Jackentasche und stürzte sich auf mich, schlug, boxte, trat mich mit Füßen. Niemand außer dir, liebe Schwester Pinar, war sonst zu Hause, du verstecktest dich in deinem Zimmer, als du bemerktest, was unten im Flur geschah. Niemand hörte meine Hilferufe, denn ich konnte nicht schreien, ich flüsterte nur im Schmerz. Meine Nase blutete, die Tränen kullerten über mein Gesicht, wie ein Fötus lag ich auf dem Boden des langen Steinflurs und litt.

Vater wird wohl erst spät eingefallen sein, daß ich seit langem keine Stimme mehr hatte. Wir hatten uns so lange nicht mehr von Angesicht zu Angesicht gegenübergestanden. Er lud seine ganze Verzweiflung bei mir ab, ich war wehrlos, er gab mir nicht einmal die Chance wegzulaufen. Was hatte ich getan? Ich war ihm nie zur Last gefallen, seit meinem sechsten Lebensjahr war ich seine rechte Hand gewesen. So sehr glaubte er sonst an mich, konnte ich etwas dafür, daß ich sitzenblieb? Warum kümmerte er sich nicht um meine Gesundheit, warum fragte er nicht, was ich seit Monaten durchmachte? Wozu leben, für wen leben, für welche Eltern? Wie oft noch würde ich solche Schläge durchstehen müssen? Ich ging in das Gästezimmer nach oben, legte mich auf den Diwan, nahm den Rest der Tabletten und schlief ein.

Als ich aufwachte, standen unsere Schulleiterin, meine Freundin Semra und Mutter an meinem Bett im Krankenhaus. Sie brachten mich nach Hause, Mutter hatte ein Bad vorbereitet. Ich konnte mich ausgiebig waschen, zwischendurch brachte sie mir noch einmal einen Eimer warmes Wasser und schloß die Tür zu.

Nur zwei Tage war ich im Krankenhaus gewesen, nur zwei Tage weg von zu Hause. Doch diese Mauern, der Geist dieser vier Wände, waren mir schon lange fremd geworden, ich wollte weg. Meine Schulleiterin hatte mir angeboten, über den Sommer bei ihr zu wohnen. Ja, ich wollte zu ihr, sie war eine Frau, die großen Eindruck auf mich machte. Sie hatte in Paris studiert, war Mitte Vierzig, unverheiratet. Sie widmete sich nur ihrer politischen Arbeit und ihren Schülerinnen. Sie war Kandidatin der Gerechtigkeitspartei, sie hielt politische Reden, wie sie damals in unserer Stadt sehr ungewöhnlich waren. Ich wußte, daß sie mich sehr gern hatte. Und sie allein wußte einen Ausweg für meine Zukunft. Meinen Entschluß hatte ich Mutter mitgeteilt, sie hatte nichts dagegen einzuwenden, Vater wollte ich nicht mehr sehen, nie mehr.

Während ich diese Gedanken in der Waschnische noch nicht zu Ende geführt hatte, trat er ins Zimmer. Ich spülte gerade die restliche Seife aus meinen Haaren, die beiden Türen der Badenische waren zugezogen, so daß wir uns nicht sehen konnten. Mutter hatte ihn gebeten, mich in Ruhe zu lassen, ich sei krank, geschwächt. Sie hatte ihm auch mitgeteilt, daß ich vorerst bei meiner Schulleiterin wohnen würde. Er kam herein, setzte sich auf den Diwan, er stöhnte und fing an, bitterlich zu weinen. Er sprach leise, bat mich um Verzeihung, zählte alles auf, was er mir all die Jahre angetan hatte, flehte mich an, das Elternhaus nicht zu verlassen. Ohne mich sei er den drei Priestern in unserem Hause ausgeliefert, er wäre verloren, wenn er meine Unterstützung gegen diese religiöse Bande, gegen dich, Schwester, Oylum und Mutter, nicht hätte. Er versprach, von nun an alles für mich zu tun, alles, was ich in der Zukunft bräuchte, in der Vergangenheit verpaßt hatte. Er käme soeben von Doktor Sandalcı, einem Hals-Nasen-Ohren-Spezialisten. «Inzwischen operiert man diese Dinger an deinem Hals im Stehen, das sicherte mir der Arzt zu, melde dich morgen bei ihm, er weiß Bescheid, verlange was du willst, nur geh nicht fort!»

Am nächsten Morgen erschien ich in der Praxis, die Operation fand auf dem Untersuchungsstuhl statt und verlief reibungslos. Der Arzt, der ein Bekannter eines meiner Onkel war, schätzte meine Polypen als voraussichtlich harmlos ein, über den endgültigen Befund könne er allerdings erst in drei Wochen etwas sagen. Nun solle ich mein Leben genießen, in zwei, drei Tagen, sobald die Wunde an meinen Stimmbändern geheilt wäre, könne ich wieder singen. Ich war froh, wieder zum Leben zurückgekehrt zu sein. Mein Mut kehrte zurück und mit ihm meine Lebenslust. Ich wollte leben, ich würde es schaffen; nie mehr zurück in die alten traurigen Tage, ein neues Leben begann. Morgen um diese Zeit würde ich schon im Zug sitzen.

«Aus allen Balkanländern werden Schülerinnen dort sein, schwimmen wirst du lernen, spielen, lachen, singen werdet ihr, sollst mal sehen, Umut, vergiß nicht, wenigstens eine Postkarte an mich zu schreiben!» rief Maksude Hanım, unsere Schulleiterin. Sie hatte diesen Erholungsurlaub auf einem Jugendcamp in Istanbul organisiert, mir die Reise geschenkt und etwas Taschengeld und mich mit zwei Büchern und Reiseproviant, mit vielen liebevollen und Mut verleihenden Worten verabschiedet. O wie ich diese Frau liebte!

«Umut», fragte sie mich einmal, «wer hat dir diesen Namen gegeben? Was für ein schöner Name! Weißt du, was das heißt?» – «Ja», sagte ich, und ich erzählte ihr die Geschichte meiner Geburt. «Wissen Sie, meine Lehrerin, mein Vater wollte immer einen Jungen haben, und hintereinander wurden fünf Mädchen geboren. Als ich im Mutterleib war, nahmen sich meine Eltern vor, dieses Kind Umut, «Hoffnung», zu nennen, da sie bei jeder Geburt erwarteten, es würde ein Junge werden. Als dann doch ein Mädchen kam, hatten sie sich für diesen Namen, Umut, schon entschieden. Sie wissen, dabei ist es ein Männername, aber leider wurde auch ich ein Mädchen, selbst danach haben sie diesen Namen Umut beibehalten, so kam es dann auch, daß ich die Hoffnung der ganzen Familie wurde.»

«Auf Wiedersehen, Umut, vergiß mich nicht», sagte sie. Mutter stand neben ihr auf dem Bahnsteig und wußte nicht, ob sie weinen oder ob sie sich freuen sollte. Der Zug fuhr ab. Ich lehnte meinen Kopf an die Sitzlehne, grub die Stationen meines jungen Lebens mühsam aus der Erinnerung hervor, ließ sie nacheinander Revue passieren. Wie ein Film liefen sie ab vor meinem inneren Auge. Längst hatte ich eine neue Etappe meines Lebens begonnen, die Kindheit war vorüber, sie würde nie mehr zurückkehren, außer in Erinnerungen, bruchstückhaft, unwiederholbar. Der Zug raste durch die Steppe. Mit jeder Umdrehung seiner Räder entfernte ich mich von der Vergangenheit. Leb wohl, Sehnsucht!

Leb wohl, Kindheit!

Foto: Hans Schreiber

SALIHA SCHEINHARDT wurde 1950 in der Türkei geboren. 1967 kam sie in die Bundesrepublik. Ihren Lebensunterhalt verdiente sie zunächst als Arbeiterin in einer Textilfabrik, später als Kellnerin. 1971 kam sie über den zweiten Bildungsweg zum Lehramtsstudium. Sie arbeitete danach mehrere Jahre als Hauptschullehrerin und von 1978 bis 1981 als wissenschaftliche Assistentin an der Pädagogischen Hochschule Neuss. 1985 promovierte sie mit einer Arbeit über den Islam in der Türkei.

Saliha Scheinhardt ist bekannt geworden durch ihre Bücher über die Situation türkischer Frauen in ihrer Heimat und in der Bundesrepublik. 1983 erschien ihr Band «Frauen, die sterben, ohne daß sie gelebt hätten», im nächsten Jahr folgte «Drei Zypressen» und 1985 «Und die Frauen weinten Blut». Im selben Jahr wurde sie mit dem Literaturpreis der Stadt Offenbach ausgezeichnet. Von November 1985 bis November 1987 war sie Stadtschreiberin von Offenbach.

Bildnachweis

Alle Bilder und Zeichnungen in diesem Buch stammen von Mehmet Güler; *Erste Begegnung* und *Der erste Tag* entstanden eigens für diesen Band.

S. 8, 44	Zukunft für uns?	1985
S. 28	Mutter und Tochter	1984
S. 62	Ende des Tages	1983
S. 82	Zur Arbeit	1982
S. 104	Erste Begegnung	1987
S. 120	Der erste Tag	1987

Dritte Welt

Hartwig Bögeholz
«Gebt uns Demokratie oder gebt uns den Tod»
China: Das Massaker und die Folgen
(12733)

Anja Malanowski/Marianne Stern (Hg.)
Iran – Irak
«Bis die Gottlosen vernichtet sind»
(12133)

Bahman Nirumand
Iran – hinter den Gittern verdorren die Blumen (15735)

Bahman Nirumand/Keywan Daddjou
Mit Gott für die Macht
Eine politische Biographie des Ayatollah Chomeini (12718)

Freidoune Sahebjam
«Ich habe keine Tränen mehr»
Iran: Die Geschichte des Kindersoldaten Reza Behrouzi (12139)

12728

12474

Herausgegeben von Ingke Brodersen

aktuell rororo

C 2373/3

frauen aktuell

Herausgegeben von Ingke Brodersen
Begründet von S.v. Paczensky

A. Baumgartner-Karabak/
G. Landesberger
Die verkauften Bräute
Türkische Frauen zwischen Kreuzberg und Anatolien (4268)

Martha Mamozai
Schwarze Frau, weiße Herrin
Frauenleben in den deutschen Kolonien (12506)

Saliha Scheinhardt
Träne für Träne werde ich heimzahlen
Kindheit in Anatolien (12234)

Awa Thiam
Die Stimme der schwarzen Frau
Vom Leid der Afrikanerinnen (4840)

Ruth Weiss (Herausgeberin)
Frauen gegen Apartheid
Zur Geschichte des politischen Widerstandes der Frauen (5914)

Barbara Yurtdas
Wo mein Mann zuhause ist . . .
Tagebuch einer Übersiedlung in die Türkei (5137)

12380

12789 (Sept.'90)

frauen rororo aktuell

C 2078/10 b